DEN ELEGANTA SUSHISKÅLAR HANDBOKEN

100 skålar av glädje för att förbättra din Sushi Skål-upplevelse

Maria Gunnarsson

Copyright Material ©2024

Alla rättigheter förbehållna

Ingen del av denna bok får användas eller överföras i någon form eller på något sätt utan korrekt skriftligt medgivande från utgivaren och upphovsrättsinnehavaren, förutom korta citat som används i en recension. Den här boken bör inte betraktas som en ersättning för medicinsk, juridisk eller annan professionell rådgivning.

INNEHÅLLSFÖRTECKNING _

INNEHÅLLSFÖRTECKNING _ **3**
INTRODUKTION **7**
DEKOSTRUKTERADE SUSHISKÅLAR **8**

   1. DEKONSTRUERAD CALIFORNIA RULLA SUSHI SKÅL 9
   2. DEKONSTRUERAD KRYDDIG TONFISKSUSHI SKÅL 11
   3. DEKONSTRUERAD DRAKE RULLA SUSHI SKÅL 13
   4. DEKONSTRUERAD KRYDDAD SALMON SUSHI SKÅL 15
   5. DEKONSTRUERAD REGNBÅGE RULLA SUSHI SKÅL 17
   6. DEKONSTRUERAD RÄKOR TEMPURA SUSHI SKÅL 19
   7. DEKONSTRUERAD PHILLY RULLA SUSHI SKÅL 21
   8. DEKONSTRUERAD DYNAMIT RULLA SUSHI SKÅL 23
   9. DEKONSTRUERAD VEGGIE RULLA SUSHI SKÅL 25

SUSHISKÅLAR FÖR FISK OCH SKJUD **27**

   10. KAISEN (FÄRSK SASHIMI PÅ EN SKÅL MED RIS) 28
   11. RÖKT MAKRILL CHIRASHI 30
   12. OYAKODO (LAX OCH LAXROM) 32
   13. KRYDDAD HUMMER SUSHI SKÅL 34
   14. TONFISK MED AVOKADO SUSHI SKÅL 36
   15. FÄRSK LAX OCH AVOKADO SUSHI SKÅL 38
   16. LAX MED AVOKADO OCH SESAMDRESSING 40
   17. DYNAMIT PILGRIMSMUSSLA SUSHI SKÅL 42
   18. SUSHISKÅL MED DRAKFRUKT OCH LAX 44
   19. TONFISK SUSHI SKÅL S MED MANGO 46
   20. KRYDDIG TONFISK SUSHI SKÅL 48
   21. SHOYU OCH KRYDDAD MAYO LAX SUSHI SKÅL 50
   22. CALIFORNIA EFTERBILDNING KRABBA SUSHI SKÅL S 53
   23. KRYDDAD KRABBA SUSHI SKÅL S 55
   24. KRÄMIG SRIRACHA SHRIMP SUSHI SKÅL S 58
   25. BRÄND TONFISK SUSHI SKÅL S 61
   26. SUSHISKÅL MED RÄKOR OCH ANANAS 63
   27. SUSHISKÅL FÖR BLÄCKFISK OCH TÅNG 65

28. Gulsvans Sushi skål 67
29. Pilgrimsmussla och Mango Sushi Skål 69
30. Sushiskål med kryddig tonfisk och rädisor 71
31. Sushiskål med rökt lax och sparris 73
32. Miso-marinerad svärdfisk Sushi Skål 75
33. Sushiskål med hummer och avokado 77
34. Tonfisk och vattenmelon Sushi Skål 79
35. Mjukt skalKrabba Sushi Skål 81
36. Grillad Mahi-Mahi och ananas Sushi Skål 83

GRÖNSAMISK SUSHI SKÅLAR 85

37. Tofu och grönsakssushiskål 86
38. Tempeh Sushi Skål 88
39. Sesam-Skorpad svamp skål 91
40. General Tso's Tofu Sushi Skål 94
41. Poké skål med tomat sashimi 97
42. Vegansk sushiskål med tahinisås 100
43. Skål med sjögräsris 103
44. Wokad Sushi Skål 105
45. Krispigt stektTofu Sushi Skål 107
46. Ratatouille Sushi Skål 110
47. Avokado Sushi skål 112
48. Ägg, Ost och Gröna bönor Sushiskål 114
49. Avokado och kikärts sushiskål 116

FRUKT SUSHI SKÅLAR 118

50. Persika Sushi skål 119
51. Apelsin sushikoppar 121
52. Tropisk Paradise Frukt Sushi Skål 123
53. Bärlycka fruktSushi Skål 125
54. Citrusfröjd fruktSushi Skål 127
55. Choklad Banan Frukt Sushi Skål 129
56. Äpple kanelrulle frukt sushi skål 131
57. Kiwi JordgubbsmyntaFrukt Sushi Skål 133
58. Pina Colada Frukt Sushi skål 135
59. Mango Avocado Salighet FruktSushi Skål 137

BÖTT SUSHI SKÅLAR 139

60. Teriyaki Nötkött Sushi Skål 140
61. Koreansk Bulgogi Nötkött Sushi Skål 142
62. Thai Basil Nötkött Sushi Skål 144
63. Kryddig Sriracha Nötkött Sushi Skål 146
64. Vitlök-Lime Kjol Steak Sushi Skål 148
65. Cilantro-Lime Nötkött Sushi Skål 150
66. Rökig Chipotle Nötkött Sushi Skål 152
67. Hoisin-Ingefära Nötkött Sushi Skål 154
68. Biff och avokado Sushi Skål 156
69. Sesam Ingefära Nötkött Sushi Skål 158
70. Knaprig Nötkött Tempura Sushi Skål 160
71. Mexikansk nötkött Fajita Sushi Skål 162
72. Philly Ost biff Sushi Skål 164
73. Biff och Mango Tango Sushi Skål 166
74. Satay Nötkött Sushi Skål 168

SUSHISKÅLAR FÖR FRISKÖTT 170

75. Skinka Och Persika Sushi Skål 171
76. Grillad Sushiskål med korta revben 173
77. Teriyaki Fläsk Sushi Skål 175
78. Kryddig Sriracha Fläsk Sushi Skål 177
79. Ananas ingefära Fläsk Sushi Skål 179
80. Koreansk BBQ Fläsk Sushi Skål 181
81. Thai Basil Fläsk Sushi Skål 183
82. BBQ Drog Fläsk Sushi Skål 185
83. Äppelciderglaserad fläsksushiskål 187
84. Honungssenap Fläsk Sushi Skål 189
85. Kryddad Fläsk Rulla Sushi Skål 191
86. Fläsk Belly Bibimbap Sushi Skål 193
87. Sushiskål med skinka och ananas 195
88. Bacon Avocado Sushi Skål 197
89. Korv och ägg frukost Sushi skål 199

FJÄDERFÄ SUSHI SKÅLAR 201

90. Teriyaki Kyckling Sushi Skål 202
91. Mango Sås Kyckling Sushi Skål 204
92. Ljuv Chili Lime Kyckling Sushi Skål 206

93. APELSIN INGEFÄRA GLASERAD TURKIET SUSHI SKÅL 208
94. ANKA SUSHI SKÅL 210
95. CILANTRO LIME KYCKLING OCH SVARTA BÖNORSUSHI SKÅL 212
96. BBQ TURKIET SUSHI SKÅL 214
97. SESAM INGEFÄRA KYCKLING SUSHI SKÅL 216
98. LAX AVOKADO KYCKLING SUSHI SKÅL 218
99. MANGO LIME TURKIET SUSHI SKÅL 220
100. KNAPRIG TEMPURA KYCKLING SUSHI SKÅL 222

SLUTSATS 224

INTRODUKTION

Välkommen till "Den Eleganta Sushiskålar Handboken", din definitiva guide för att höja din sushiskålupplevelse med 100 skålfulla glädje. Den här handboken är en hyllning till kreativitet, smaker och konsten att tillverka sushiskålar som inte bara är läckra utan också elegant presenterade. Följ med oss på en kulinarisk resa som förvandlar den traditionella sushiupplevelsen till en härlig skål full av glädje.

Föreställ dig ett bord prydt med färgglada och konstfullt arrangerade sushiskålar, var och en ett mästerverk av smaker och texturer. " Den Eleganta Sushiskålar Handboken " är inte bara en samling recept; det är en utforskning av ingredienser, presentation och glädjen i att skapa personliga sushi skål-upplevelser. Oavsett om du är en erfaren sushientusiast eller ny i sushivärlden, är dessa recept framtagna för att inspirera dig att ombilda och förbättra dina sushiskåläventyr.

Från klassiska sushiingredienser till uppfinningsrika kombinationer, varje skål är en hyllning till friskheten, balansen och elegansen som sushiskålar ger till ditt bord. Oavsett om du är värd för en sushikväll med vänner eller njuter av ett kulinariskt äventyr solo, är den här handboken din bästa resurs för att skapa sushiskålar som är både tillfredsställande och visuellt fantastiska.

Följ med oss när vi dyker in i en värld av eleganta sushiskålar, där varje skapelse är ett bevis på glädjen och konstnärskapet i denna älskade kulinariska upplevelse. Så, ta på dig ditt förkläde, omfamna kreativiteten och låt oss ge oss ut på en smakfull resa genom " Den Eleganta Sushiskålar Handboken."

DEKOSTRUKTERADE SUSHISKÅLAR

1.Dekonstruerad California Rulla Sushi Skål

INGREDIENSER:
- 1 kopp sushi ris, kokt
- 1/2 kopp imiterad krabba eller äkta krabba, strimlad
- 1/2 avokado, skivad
- 1/4 gurka, finhackad
- Sesamfrön till garnering
- Nori-remsor för topping
- Sojasås och inlagd ingefära till servering

INSTRUKTIONER:
a) Fördela det kokta sushiriset i en skål.
b) Ordna strimlad krabba, avokadoskivor och skuren gurka ovanpå.
c) Strö över sesamfrön till garnering.
d) Toppa med nori-remsor.
e) Servera med sojasås och inlagd ingefära vid sidan av.
f) Njut av den dekonstruerade California rulla sushi skålen!

2. Dekonstruerad Kryddig tonfiskSushi Skål

INGREDIENSER:
- 1 kopp sushi ris, kokt
- 1/2 kopp kryddig tonfisk, hackad
- 1/4 kopp edamamebönor, ångade
- 1/4 kopp rädisor, tunt skivade
- Sriracha mayo för duggregn
- Avokadoskivor till garnering
- Sesamfrön till topping

INSTRUKTIONER:
a) Fördela det kokta sushiriset i en skål.
b) Lägg hackad kryddig tonfisk, ångade edamamebönor och skivade rädisor ovanpå.
c) Ringla Sriracha mayo över skålen.
d) Garnera med avokadoskivor och strö över sesamfrön.
e) Njut av den dekonstruerade kryddiga sushiskålen för tonfisk!

3.Dekonstruerad Drake Rulla Sushi Skål

INGREDIENSER:
- 1 kopp sushi ris, kokt
- 1/2 dl ål, grillad och skivad
- 1/4 kopp avokado, skivad
- 1/4 kopp gurka, skuren
- Ålsås till duggregn
- Tobiko (fiskrom) till topping
- Inlagd ingefära till servering

INSTRUKTIONER:
a) Fördela det kokta sushiriset i en skål.
b) Ordna grillade ålskivor, avokado och julienerad gurka ovanpå.
c) Ringla ålsås över skålen.
d) Topp med tobiko.
e) Servera med inlagd ingefära vid sidan av.
f) Njut av den dekonstruerade Drake rulla sushiskålen!

4.Dekonstruerad Kryddad Salmon Sushi Skål

INGREDIENSER:
- 1 kopp sushi ris, kokt
- 1/2 kopp kryddig lax, tärnad
- 1/4 kopp mango, tärnad
- 1/4 kopp gurka, tärnad
- Kryddig majonnäs för duggregn
- Salladslök till garnering
- Sesamfrön till topping

INSTRUKTIONER:
a) Fördela det kokta sushiriset i en skål.
b) Lägg tärnad kryddig lax, tärnad mango och tärnad gurka ovanpå.
c) Ringla kryddig majonnäs över skålen.
d) Garnera med hackad salladslök och strö över sesamfrön.
e) Njut av den dekonstruerade kryddiga sushiskålen med lax!

5.Dekonstruerad Regnbåge Rulla Sushi Skål

INGREDIENSER:
- 1 kopp sushi ris, kokt
- 1/2 kopp krabba eller krabbefterbildning, strimlad
- 1/4 kopp avokado, skivad
- 1/4 kopp gurka, skuren
- 1/4 kopp morötter, skurna
- 1/4 kopp mango, skivad
- Nori-remsor för topping
- Sojasås och inlagd ingefära till servering

INSTRUKTIONER:
a) Fördela det kokta sushiriset i en skål.
b) Ordna strimlad krabba, avokadoskivor, skuren gurka, morötter och mango ovanpå.
c) Toppa med nori-remsor.
d) Servera med sojasås och inlagd ingefära vid sidan av.
e) Njut av den färgglada och dekonstruerade Regnbåge Rulla sushiskålen!

6.Dekonstruerad räkor Tempura Sushi Skål

INGREDIENSER:
- 1 kopp sushi ris, kokt
- 1/2 kopp räkor tempura, skivade
- 1/4 kopp avokado, skivad
- 1/4 kopp gurka, skuren
- 1/4 kopp rädisor, tunt skivade
- Tempura dippsås för duggregn
- Sesamfrön till garnering

INSTRUKTIONER:
a) Fördela det kokta sushiriset i en skål.
b) Lägg skivade räkor tempura, avokado, julienned gurka och skivade rädisor ovanpå.
c) Ringla tempuradippsås över skålen.
d) Strö över sesamfrön till garnering.
e) Njut av den dekonstruerade tempura sushiskålen för räkor!

7. Dekonstruerad Philly Rulla Sushi Skål

INGREDIENSER:
- 1 kopp sushi ris, kokt
- 1/2 kopp rökt lax, skivad
- 1/4 kopp färskost, uppmjukad
- 1/4 kopp gurka, skuren
- 1/4 kopp rödlök, tunt skivad
- Allt bagelkrydda till topping
- Kapris till garnering

INSTRUKTIONER:
a) Fördela det kokta sushiriset i en skål.
b) Ordna skivad rökt lax, mjukgjord färskost, skuren gurka och tunt skivad rödlök ovanpå.
c) Strö över allt bagelkrydda till topping.
d) Garnera med kapris.
e) Njut av den dekonstruerade Philly Rulla sushiskålen!

8.Dekonstruerad Dynamit Rulla Sushi Skål

INGREDIENSER:
- 1 kopp sushi ris, kokt
- 1/2 dl räkor, tempurastekta eller kokta
- 1/4 kopp kryddig majonnäs
- 1/4 kopp avokado, tärnad
- 1/4 kopp gurka, tärnad
- Tobiko (fiskrom) till topping
- Salladslök till garnering

INSTRUKTIONER:
a) Fördela det kokta sushiriset i en skål.
b) Lägg tempurastekta eller kokta räkor ovanpå.
c) Ringla kryddig majonnäs över skålen.
d) Tillsätt tärnad avokado och gurka.
e) Topp med tobiko.
f) Garnera med hackad salladslök.
g) Njut av den dekonstruerade Dynamit Rulla sushiskålen!

9. Dekonstruerad Veggie Rulla Sushi Skål

INGREDIENSER:
- 1 kopp sushi ris, kokt
- 1/2 kopp tofu, tärnad och stekt i pannan
- 1/4 kopp avokado, skivad
- 1/4 kopp gurka, skuren
- 1/4 kopp morötter, skurna
- 1/4 kopp röd paprika, tunt skivad
- Sojasås och sesamoljadressing
- Sesamfrön till garnering

INSTRUKTIONER:
a) Fördela det kokta sushiriset i en skål.
b) Placera stekt tofu, avokadoskivor, gurka, morötter och skivad röd paprika ovanpå.
c) Ringla över en blandning av sojasås och sesamolja till dressing.
d) Strö över sesamfrön till garnering.
e) Njut av den dekonstruerade Veggie Rulla sushiskålen, ett uppfriskande och växtbaserat alternativ!

SUSHISKÅLAR FÖR FISK OCH SKJUD

10.Kaisen (färsk sashimi på en skål med ris)

INGREDIENSER:
- 800 g (5 koppar) kryddat sushiris

TOPPINGS
- 240 g (8½ oz) lax av sashimikvalitet
- 160 g (5½ oz) tonfisk av sashimikvalitet
- 100 g (3½ oz) havsabborre av sashimikvalitet
- 100 g (3½ oz) kokta räkor (räkor)
- 4 röda rädisor, strimlade
- 4 shiso blad
- 40 g (1½ oz) laxrom

ATT TJÄNA
- inlagd ingefära
- wasabipasta
- Soja sås

INSTRUKTIONER:
a) Skiva laxfilén i 16 skivor och tonfisk och havsabborre vardera i 12 skivor. Var noga med att skiva över kornet för att säkerställa att fisken är mör.
b) För att servera, dela sushiriset mellan fyra individuella skålar och platta till risets yta. Toppa med lax, tonfisk, havsabborre och räkor (räkor), arrangerade i överlappande skivor.
c) Garnera med de strimlade röda rädisorna, shisobladen och laxromen.
d) Servera med inlagd ingefära som smakrengöringsmedel och wasabi och sojasås efter smak.

11. Rökt makrill Chirashi

INGREDIENSER:
- ½ gurka
- ¼ tesked fint salt
- 200 g (7 oz) rökta makrillfiléer, benfria, utan skinn
- 40 g (1½ oz) inlagd ingefära, finhackad
- 1 vårlök (salladslök), fint skivad
- 2 tsk finhackad dill
- 2 msk rostade vita sesamfrön
- 800 g (5 koppar) kryddat sushiris
- 1 ark nori, riven i bitar
- mörk sojasås, att servera

INSTRUKTIONER:
a) Skiva gurkan så tunt som möjligt och strö över salt. Gnugga gurkan lätt och låt stå i 10 minuter. Detta hjälper till att ta bort överflödigt vatten från gurkan för att hålla den krispig.
b) Krama ut eventuellt överflödigt vatten från gurkan för hand.
c) Bryt den rökta makrillen i små bitar.
d) Tillsätt gurka, rökt makrill, inlagd ingefära, vårlök (salladslök), dill och vita sesamfrön till riset. Blanda väl för att fördela ingredienserna jämnt.
e) Servera i individuella skålar eller en stor skål att dela. Strö över nori och ringla över mörk soja efter smak.

12.Oyakodo (lax och laxrom)

INGREDIENSER:
- 400 g (2½ koppar) kryddat sushiris

TOPPINGS
- 400 g (14 oz) lax av sashimikvalitet
- 200 g (7 oz) marinerad laxrom
- 4 baby shiso löv
- skivor av lime eller citron

ATT TJÄNA
- inlagd ingefära
- wasabipasta
- Soja sås
- strimlor av nori (valfritt)

INSTRUKTIONER:
a) Skiva laxen i tunna skivor. Var noga med att skiva över kornet för att säkerställa att fisken är mör.
b) Lägg sushariset i fyra individuella skålar och platta till risets yta. Toppa med sashimi lax och laxrom. Garnera med baby shisobladen och lime- eller citronskivor.
c) Servera med inlagd ingefära som smakrengöringsmedel och wasabi och sojasås efter smak. Om du vill, strö över noristrips för mer smak.

13. Kryddad Hummer Sushi Skål

INGREDIENSER:
- 1½ koppar (300 g) tillagat traditionellt sushiris
- 1 tsk finriven färsk ingefärarot
- En 8 oz (250 g) ångad hummersvans, skalet avlägsnat och skivat i medaljonger
- 1 kiwi, skalad och skuren i tunna skivor
- 2 tsk hackad salladslök (salladslök), endast gröna delar
- Handfull spiralslipad daikonrädisa
- 2 färska korianderkvistar (korianderremsor)
- 2 msk drakjuice eller mer efter smak

INSTRUKTIONER:
a) Förbered Sushi-riset och Drake Juice.
b) Blöt fingertopparna innan du delar upp Sushi-riset mellan två små serveringsskålar. Platta försiktigt ut risets yta i varje skål. Använd en sked för att fördela ½ tesked av riven färsk ingefära över riset i varje skål.
c) Dela hummermedaljongerna och kiwi på mitten. Varva ena hälften av hummerskivorna med ena hälften av kiwifruktskivorna över ris i en skål, lämna ett litet utrymme öppet. Upprepa mönstret i den andra skålen. Höga 1 tesked av den hackade salladslöken nära framsidan av varje skål. Dela den spiralskurna daikonrädisan mellan de två skålarna och fyll det tomma utrymmet.
d) För att servera, stötta en färsk korianderkvist framför daikonrädisan i varje skål. Sked 1 matsked drakjuice över hummer och kiwi i varje skål.

14.Tonfisk Med Avokado Sushi Skål

INGREDIENSER:
- 1 avokado, skalad och urkärnad
- färskpressad juice av 1 lime
- 800 g (5 koppar) kryddat brunt sushiris
- 1 schalottenlök eller rödlök, finhackad och blötlagd i vatten
- en näve blandade salladsblad
- 2 msk schalottenlök chips (valfritt)

TONFISK
- 1 msk riven vitlök
- 1 msk riven ingefära
- 2 matskedar vegetabilisk olja
- 500 g (1 lb 2 oz) tonfiskbiffar av sashimikvalitet havssalt och nymalen svartpeppar

KLÄ PÅ SIG
- 4 matskedar risvinäger
- 4 matskedar lätt sojasås
- 4 matskedar mirin
- 4 tsk rostad sesamolja
- färskpressad juice av 1 lime
- 1 tsk socker
- en nypa salt

INSTRUKTIONER:
a) För att förbereda tonfisken, blanda ihop vitlök, ingefära och olja i en liten skål. Bred ut detta på båda sidorna av varje tonfiskbiff, krydda sedan med salt och peppar.
b) Hetta upp en stekpanna och stek tonfiskbiffarna i 1 minut på varje sida för sällsynta.
c) Låt tonfisken svalna och skär den sedan i 2-cm (¾-in) tärningar.
d) För att göra dressingen, kombinera alla ingredienser.
e) Skär avokadon i stora tärningar, pressa sedan limesaften över för att förhindra att fruktköttet blir brunt.
f) Lägg det bruna sushiriset i skålar och toppa med tonfisktärningar, avokado, schalottenlök eller rödlök och blandade blad. Häll dressingen ovanpå precis innan servering. Toppa med schalottenlök chips, om du använder, för extra crunch.

15.Färsk Lax Och Avokado Sushi Skål

INGREDIENSER:
- 1½ koppar (300 g) tillagat traditionellt sushiris
- ¼ liten jicama, skalad och skuren i tändstickor
- ½ jalapeño chilipeppar, frön borttagna och grovhackade
- Saft av ½ lime
- 4 msk Sushirisdressing
- 6 oz (200 g) färsk lax, skuren i skivor
- ¼ avokado, skalad, kärnad och skuren i tunna skivor
- 2 råga matskedar laxrom (ikura), valfritt
- 2 färska koriander (koriander) kvistar, till garnering

INSTRUKTIONER:
a) Förbered Sushi-riset och Sushi-risdressingen.
b) Blanda ihop jicama tändstickor, hackad jalapeño, limejuice och sushirisdressing i en liten skål som inte är av metall. Låt smakerna blandas i minst 10 minuter. Häll av vätskan från jicamamixen.
c) Samla ihop 2 små skålar. Blöt fingertopparna innan du lägger till ¾ kopp (150 g) av sushiriset i varje skål. Platta försiktigt ut risets yta. Höga ½ av den marinerade jicamaen ovanpå varje skål. Dela lax- och avokadoskivorna mellan de 2 skålarna, arrangera var och en i ett snyggt mönster över riset. Tillsätt 1 rågad matsked laxrom, om du använder, i varje skål.
d) För att servera, toppa varje skål med en färsk korianderkvist och Ponzu-sås. Soja sås.

16.Lax Med Avokado Och Sesamdressing

INGREDIENSER:
- 1 msk rostad sesamolja
- 2 matskedar vegetabilisk olja
- 1 msk mandelflingor (skivad).
- 2 vitlöksklyftor, tunt skivade
- 2 tsk finhackad ingefära
- 3 msk mörk sojasås
- 2 msk mirin
- 2 msk rostade vita sesamfrön
- 800 g (5 koppar) kryddat sushiris
- 500 g (1 lb 2 oz) lax av sashimikvalitet, skuren i tärningar
- 1 avokado, skuren i 2 cm (¾-in) tärningar och slängd i 1 tsk färskpressad citronsaft för att förhindra att de blir bruna
- 2 röda rädisor, tunt skivade
- sesamdressing
- en näve salladsblad

INSTRUKTIONER:
a) Häll sesamolja och vegetabilisk olja i en kastrull på medelhög värme. När den blir varm (men inte vid hög rökpunkt), tillsätt mandeln och vitlöken och fräs tills den är gyllene. Om du kan, luta pannan för att samla oljan i ena hörnet av pannan eftersom detta hjälper till att laga jämnt och snabbt. Se till att inte bränna vitlöken eller mandeln för att de blir beska.
b) Stäng av värmen och ta bort vitlökschips och mandel från pannan. Häll av oljan från pannan med hushållspapper.
c) Tillsätt ingefäran i pannan medan oljan fortfarande är varm. Ingefäran kommer att koka i restvärmen.
d) När oljan svalnat, tillsätt den mörka sojasåsen, mirin och rostade sesamfrön.
e) Lägg sushiriset i en skål, toppa med tärnad lax, avokado och röda rädisor. Lägg i salladsbladen och häll över dressingen precis innan servering.

17. Dynamit Pilgrimsmussla Sushi Skål

INGREDIENSER:
- 2 koppar (400 g) tillagat traditionellt sushiris
- 2 tsk hackad salladslök (salladslök), endast gröna delar
- ¼ engelsk gurka (japansk gurka), kärnad och tärnad i små kuber
- 2 imiterade krabbasticks, benstil, strimlad
- 8 oz (250 g) färska bukmusslor, skurna, kokta och hållna varma
- 4 matskedar kryddig majonnäs eller mer efter smak
- 2 tsk rostade sesamfrön

INSTRUKTIONER:
a) Förbered Sushi-riset och kryddig majonnäs.
b) Samla 4 martiniglas. Lägg ½ tesked hackad salladslök i botten av varje glas.
c) Lägg Sushi-riset och tärnad gurka i en liten skål. Blanda väl.
d) Blöt fingertopparna innan du delar ris- och gurkmixen mellan varje glas. Platta försiktigt ut risets yta.
e) Dela den strimlade krabbasticken mellan glasen. Tillsätt ¼ av de varma kammusslorna i varje glas.
f) Lägg en hög matsked kryddig majonnäs över innehållet i varje glas. Använd en matlagningsfackla för att bränna den kryddiga majonnäsen tills den är bubblig, cirka 15 sekunder.
g) Strö ½ tesked av de rostade sesamfröna över toppen av varje glas innan servering.

18.Sushiskål med drakfrukt och lax

INGREDIENSER:
- 1 drakfrukt
- 1 pund lax av sushikvalitet, i tärningar
- ½ kopp skivad gurka
- ½ dl skivad avokado
- ¼ kopp skivad salladslök
- 2 msk sojasås
- 2 msk risvinäger
- 1 msk sesamolja
- Salta och peppra efter smak
- Traditionellt kokt sushiris, för servering

INSTRUKTIONER:
a) Skär drakfrukten på mitten och gröp ur fruktköttet.
b) I en stor skål, kombinera lax, gurka, avokado och salladslök.
c) I en separat skål, vispa ihop sojasås, risvinäger, sesamolja, salt och peppar.
d) Vänd ner dressingen i laxblandningen tills den är väl blandad.
e) Vik i drakfruktköttet.
f) Servera över kokt ris.

19.Tonfisk Sushi Skål s med Mango

INGREDIENSER:
- 60 ml sojasås (¼ kopp + 2 matskedar)
- 30 ml vegetabilisk olja (2 matskedar)
- 15 ml sesamolja (1 matsked)
- 30 ml honung (2 matskedar)
- 15 ml Sambal Oelek (1 matsked, se not)
- 2 tsk färsk riven ingefära (se anmärkning)
- 3 salladslökar, tunt skivade (vita och gröna delar)
- 454 gram ahi-tonfisk av sushikvalitet (1 pund), tärnad i ¼ eller ½-tums bitar
- 2 koppar sushiris, kokt enligt anvisningarna på förpackningen (ersätt med något annat ris eller spannmål)

VALFRIA PÅLÄGG:
- Skivad avokado
- Skivad gurka
- Edamame
- Inlagd ingefära
- Tärnad mango
- Potatischips eller wontonchips
- sesamfrön

INSTRUKTIONER:
a) I en medelstor skål, vispa ihop sojasås, vegetabilisk olja, sesamolja, honung, Sambal Oelek, ingefära och salladslök.
b) Tillsätt den tärnade tonfisken i blandningen och rör om. Låt blandningen marinera i kylen i minst 15 minuter, eller upp till 1 timme.
c) För att servera, ös upp sushiris i skålar, toppa med den marinerade tonfisken och tillsätt önskad toppings.
d) Det kommer att finnas extra sås att ringla över påläggen; servera den vid sidan av.

20.Kryddig Tonfisk Sushi Skål

INGREDIENSER:
FÖR TONFISK:
- 1/2 pund sushi-klassad tonfisk, skuren i 1/2-tums kuber
- 1/4 kopp skivad salladslök
- 2 msk reducerad natriumsojasås eller glutenfri tamari
- 1 tsk sesamolja
- 1/2 tsk sriracha

FÖR KRYDDAD MAYO:
- 2 msk lätt majonnäs
- 2 tsk srirachasås

FÖR SKÅLEN:
- 1 kopp kokt kortkornigt traditionellt sushiris eller vitt sushiris
- 1 kopp gurka, skalad och tärnad i 1/2-tums kuber
- 1/2 medium Hass avokado (3 uns), skivad
- 2 salladslökar, skivade till garnering
- 1 tsk svarta sesamfrön
- Reducerad natriumsoja eller glutenfri tamari, för servering (valfritt)
- Sriracha, för servering (valfritt)

INSTRUKTIONER:
a) I en liten skål, kombinera majonnäs och sriracha, späd med lite vatten för att ringla.
b) I en medelstor skål, kombinera tonfisk med salladslök, sojasås, sesamolja och sriracha. Blanda försiktigt och ställ åt sidan medan du förbereder skålarna.
c) Lägg hälften av riset, hälften av tonfisken, avokadon, gurkan och salladslöken i två skålar.
d) Ringla över kryddig majonnäs och strö över sesamfrön. Servera med extra soja vid sidan om, om så önskas.
e) Njut av de djärva och kryddiga smakerna av denna ljuvliga Kryddig tonfiskSushi Skål!

21.Shoyu och Kryddad Mayo Lax Sushi Skål

INGREDIENSER:
- 10 oz lax eller tonfisk av sashimikvalitet, skuren i lagom stora tärningar och delad på mitten
- 2 portioner sushiris
- Furikake krydda

SHOYU MARINAD FÖR 5 OZ FISK:
- 1 msk japansk sojasås
- ½ tesked sesamolja
- ½ tesked rostade sesamfrön
- 1 grön lök, hackad
- ¼ liten sötlök, tunt skivad (valfritt)

PICY MAYO FÖR 5 OZ FISK:
- 1 msk Kewpie-majonnäs
- 1 tsk Ljuv Chilisås
- ¼ tesked Sriracha
- ¼ tesked La-Yu chiliolja eller sesamolja
- En nypa havssalt
- 1 grön lök, hackad
- 1 tsk Tobiko, valfritt

BÄSTA IDÉER:
- Skalade Edamame
- Avokado
- Kryddig krabbasallad
- Japanska gurkor, tunna skivor
- Tångsallad
- Rädisor, skivade tunt
- Masago
- Inlagd ingefära
- Wasabi
- Krispig stekt lök
- Rädisa groddar
- Shichimi Togarashi

INSTRUKTIONER:
SHOYU MARINAD:
a) I en skål, kombinera japansk sojasås, sesamolja, rostade sesamfrön, hackad grön lök, skivad sötlök (valfritt) och 5 oz tärnad lax.
b) Blanda och ställ i kylen medan du förbereder andra ingredienser.

KRYDDAD MAYO:
c) I en skål, kombinera Kewpie-majonnäs, Ljuv Chilisås, Sriracha, La-Yu Chili Oil, en nypa havssalt, hackad grön lök. Justera kryddnivåerna efter smak genom att tillsätta mer Sriracha om så önskas. Tillsätt 5 oz tärnad lax, blanda för att kombinera och placera den i kylskåpet.

HOPSÄTTNING:
d) Lägg ris i två serveringsskålar, strö över Furikake krydda.
e) Toppa risskålar med Shoyu-lax, kryddig majolax, gurka, avokado, rädisor, Edamame och andra föredragna pålägg.

22.California Efterbildning Krabba Sushi Skål s

INGREDIENSER:
- 2 dl sushiris
- 1 snackspaket rostade tångremsor
- 1 kopp krabbefterbildning
- ½ mango
- ½ avokado
- ½ kopp engelsk gurka
- ¼ kopp jalapeno, tärnad
- 4 msk kryddig majonnäs
- 3 msk risvinäger
- 2 msk balsamicoglasyr
- 1 msk sesamfrön

INSTRUKTIONER:
a) Koka riset enligt anvisningarna på förpackningen. När den är kokt, rör ner risvinäger och lägg den i din skål.
b) Tärna mangon och grönsakerna mycket fint. Skiva jalapenosen för en kryddig crunch. Lägg dem ovanpå riset.
c) Tillsätt det fint tärnade krabbköttet i skålen.
d) Ringla kryddig majonnäs och balsamicoglasyr över skålen för extra smak. Toppa med sesamfrön och tångremsor.
e) Njut av!

23.Kryddad Krabba Sushi Skål s

INGREDIENSER:
SUSHI RIS:
- 1 kopp kortkornigt sushiris
- 2 msk risvinäger
- 1 tsk socker

SUSHI SKÅL SÅS:
- 1 msk farinsocker
- 3 matskedar mirin
- 2 msk risvinäger
- 3 msk sojasås
- ¼ tesked majsstärkelse

KRYDDIG KRABBASALLAD:
- 8 uns imiterat krabbkött, strimlat eller hackat
- ⅓ kopp majonnäs (japansk stil om tillgängligt)
- 2 msk sriracha, mer eller mindre efter smak

SUSHI SKÅLAR (ANVÄND VILKA DU VILL):
- Tångsallad
- Skivad salladslök
- Skivad gurka
- Juliennedslagna morötter
- Kärnad avokado
- Färska spenatblad
- Inlagd daikon eller annan japansk pickles
- sesamolja
- sesamfrön

INSTRUKTIONER:
FÖRBERED SUSHI-RIS:
a) Koka sushiriset enligt anvisningarna på förpackningen. När den är kokt, strö över risvinäger och socker. Rör försiktigt för att kombinera. Låt riset svalna något.

GÖR SUSHI SKÅL-SÅS:
b) Vispa ihop farinsocker, mirin, risvinäger, sojasås och maizena i en kall kastrull. Värm såsen på medelvärme, låt den sjuda och låt puttra i en minut. Rör om under denna process. Stäng av värmen och låt såsen svalna medan du förbereder övriga skålingredienser.

FÖRBERED KRYDDIG KRABBASALLAD:
c) Kombinera imiterat krabbkött, majonnäs och sriracha i en skål. Justera sriracha eller majonnäs efter eget tycke.
d) Kyl tills den ska användas.

MONTERA SUSHI-SKÅLAR:
e) Skapa en bas med ris och/eller färsk spenat i grunda skålar. Toppa med kryddig krabba och ytterligare pålägg efter eget val.
f) Ringla den beredda såsen över de monterade skålarna. Tillsätt en touch av sesamolja och strö över sesamfrön för extra smak.
g) Servera genast med kalla ingredienser över varmt ris.

24. Krämig Sriracha Shrimp Sushi Skål s

INGREDIENSER:
FÖR SUSHI SKÅL:
- 1 lb kokta räkor
- 1 ark nori, skuren i strimlor
- 1 avokado, skivad
- 1 paket tångsallad
- 1/2 röd paprika, tärnad
- 1/2 kopp rödkål, tunt skivad
- 1/3 kopp koriander, finhackad
- 2 msk sesamfrön
- 2 msk wonton-remsor

FÖR SUSHI-RIS:
- 1 kopp kokt sushiris (cirka 1/2 kopp torrt – se paketet för vattenmängd, vanligtvis 1 1/2 koppar)
- 2 msk socker
- 2 msk risvinsvinäger

FÖR KRÄMIG SRIRACHASÅS:
- 1 msk sriracha
- 1/2 kopp gräddfil

FÖR CITRONGRÄSMAJS:
- 1/2 kopp majs
- 1/2 stjälk citrongräs, tunt skivad
- 1 vitlöksklyfta, finhackad
- 1 msk sojasås

INSTRUKTIONER:

FÖRBERED SUSHI-RIS:
a) Koka sushiris i en riskokare eller enligt anvisningar på förpackningen. När tillagningen är klar, tillsätt socker och risvinäger, blanda till pälsen.

Krämig SRIRACHA-SÅS:
b) Blanda sriracha och gräddfil tillsammans. Kasta räkor i denna sås. Använd förkokta räkor eller tina frysta råräkor och koka i vatten i 2-3 minuter.

CITRONGRÄSMAJS:
c) Stek majs, sojasås, vitlök och citrongräs på medelhög värme i 5-6 minuter tills de är genomstekta.

MONTERA SUSHI-SKÅLAR:
d) Lägg till sushiris i varje skål, varva sedan med räkor och alla andra pålägg, inklusive nori-remsor, avokadoskivor, tångsallad, tärnad röd paprika, tunt skivad rödkål, koriander, sesamfrön och wontonremsor.

e) Blanda ihop allt i skålen och se till att de krämiga sriracha-belagda räkorna är jämnt fördelade.

25. Bränd tonfisk Sushi Skål s

INGREDIENSER:
FÖR SKÅLEN
- 1 pund Irresistibles stekt tonfisk och Tataki
- Sushi ris

FÖR MARINADEN
- ¼ kopp söt lök, tunt skivad
- 1 salladslök, skivad i bitar (cirka ¼ kopp) plus mer för garnering
- 2 vitloksklyftor, hackade
- 2 tsk svarta sesamfrön, rostade plus mer till garnering
- 2 tsk cashewnötter (rostade och osaltade), hackade och rostade
- 1 hackad röd chili plus mer till garnering
- 3 msk sojasås
- 2 msk sesamolja
- 2 tsk risvinäger
- 1 tsk limejuice
- 1 msk sriracha plus mer till servering
- ¼ tesked havssalt
- ½ tsk röd paprikaflingor (valfritt)

EXTRA Garneringsalternativ
- Skivad gurka
- Skivade rädisor
- Skivad kål
- Tångflingor
- Hackad avokado
- Edamame

INSTRUKTIONER:
a) Kombinera alla ingredienserna till marinaden i en stor skål och lägg till de stekta tonfiskskivorna och blanda försiktigt för att täcka.
b) Täck över och kyl i 10-30 minuter.
c) Ta ut från kylen och servera över en bädd av vitt ris tillsammans med eventuell garnering du vill ha och lite varm sås/sriracha vid sidan av.

26. Sushiskål med räkor och ananas

INGREDIENSER:
- 1 lb stora räkor, skalade och deveirade
- 1/4 kopp sojasås
- 2 msk ananasjuice
- 1 msk risvinäger
- 1 tsk honung
- 1 kopp tärnad ananas
- 1 röd paprika, tunt skivad
- 1/4 kopp hackad salladslök
- 2 dl kokt sushiris
- Krossade rödpepparflingor till garnering

INSTRUKTIONER:
a) Kombinera sojasås, ananasjuice, risvinäger och honung för att göra marinaden.
b) Kasta räkor i marinaden och ställ i kylen i 20-30 minuter.
c) Koka räkor i en panna tills de är rosa och ogenomskinliga.
d) Skapa skålar med sushiris som bas.
e) Toppa med kokta räkor, tärnad ananas, skivad röd paprika och salladslök.
f) Garnera med krossade rödpepparflingor och servera.

27. Sushiskål för bläckfisk och tång

INGREDIENSER:
- 1 lb bläckfisk, kokt och skivad
- 1/4 kopp sojasås
- 2 msk mirin
- 1 msk sesamolja
- 1 tsk riven vitlök
- 1 kopp wakame tång, återfuktad
- 1 rädisa, tunt skivad
- 2 dl kokt sushiris
- Nori-remsor till garnering

INSTRUKTIONER:
a) Vispa ihop sojasås, mirin, sesamolja och riven vitlök till marinaden.
b) Kasta skivad bläckfisk i marinaden och ställ i kylen i minst 30 minuter.
c) Ordna skålar med sushiris som bas.
d) Toppa med marinerad bläckfisk, återfuktad wakame-tång och skivad rädisa.
e) Garnera med nori-remsor och servera.

28.Gulsvans Sushi skål

INGREDIENSER:
- 1 pund gulsvans (hamachi), tärnad
- 1/4 kopp ponzusås
- 1 msk sesamolja
- 1 tsk färsk limejuice
- 1 tsk wasabipasta (valfritt)
- 1 kopp jicama, skuren
- 1 dl gurka, skivad
- 2 dl sushiris
- Avokadoskivor till garnering
- Hackad koriander till garnering

INSTRUKTIONER:
a) I en skål, kombinera ponzusås, sesamolja, limejuice och wasabipasta.
b) Kasta den tärnade Gulsvansen i marinaden och ställ i kylen i minst 30 minuter.
c) Skapa skålar med sushiris som bas.
d) Toppa med marinerad Gulsvans, jicama, gurka och avokadoskivor.
e) Garnera med hackad koriander och servera.

29. Pilgrimsmussla och Mango Sushi Skål

INGREDIENSER:
- 1 lb färska pilgrimsmusslor, halverade
- 1/4 kopp kokos aminos (eller sojasås)
- 1 msk risvinäger
- 1 msk honung
- 1 mango, skalad och tärnad
- 1 röd chili, tunt skivad
- 1 kopp strimlad vitkål
- 2 dl sushiris, kokt
- Rostade sesamfrön till garnering

INSTRUKTIONER:
a) Vispa ihop kokosaminos, risvinäger och honung till marinaden.
b) Häll i pilgrimsmusslor i marinaden och ställ i kylen i 20-30 minuter.
c) Sätt ihop skålar med traditionellt sushiris som bas.
d) Toppa med marinerade pilgrimsmusslor, mangotärningar, skivad röd chili och strimlad vitkål.
e) Garnera med rostade sesamfrön och servera.

30.Sushiskål med kryddig tonfisk och rädisor

INGREDIENSER:
- 1 lb sushi-klassad tonfisk, tärnad
- 2 msk gochujang (koreansk röd paprikapasta)
- 1 msk sojasås
- 1 msk sesamolja
- 1 tsk risvinäger
- 1 dl daikonrädisa, finhackad
- 1 dl snapsärtor, skivade
- 2 koppar traditionellt sushiris, kokt
- Salladslök till garnering

INSTRUKTIONER:
a) Blanda gochujang, sojasås, sesamolja och risvinäger för att göra den kryddiga såsen.
b) Kasta tärnad tonfisk i den kryddiga såsen och ställ i kylen i 30 minuter.
c) Sätt ihop skålar med traditionellt sushiris som bas.
d) Toppa med marinerad tonfisk, julienned daikonrädisa och skivade snapsärtor.
e) Garnera med hackad salladslök och servera.

31. Sushiskål med rökt lax och sparris

INGREDIENSER:
- 1 lb rökt lax, flingad
- 1/4 kopp sojasås
- 2 msk mirin
- 1 msk inlagd ingefära, finhackad
- 1 knippe sparris, blancherad och skivad
- 1 dl körsbärstomater, halverade
- 2 koppar traditionellt sushiris, kokt
- Citronklyftor till garnering

INSTRUKTIONER:
a) Vispa ihop sojasås, mirin och hackad inlagd ingefära till marinaden.
b) Häll rökt lax i marinaden och ställ i kylen i 15-20 minuter.
c) Skapa skålar med kokt traditionellt sushi-ris som bas.
d) Toppa med marinerad rökt lax, skivad sparris och körsbärstomater.
e) Garnera med citronklyftor och servera.

32.Miso-marinerad svärdfisk Sushi Skål

INGREDIENSER:
- 1 pund svärdfisk, i tärningar
- 2 msk vit misopasta
- 1 msk sojasås
- 1 msk risvinäger
- 1 tsk sesamolja
- 1 dl rädisor, tunt skivade
- 1 dl gurka, tärnad
- 2 dl sushiris
- Strimlad nori till garnering

INSTRUKTIONER:
a) I en skål, vispa ihop misopasta, sojasås, risvinäger och sesamolja.
b) Marinera svärdfisk i blandningen i minst 30 minuter.
c) Skapa skålar med sushiris som bas.
d) Toppa med marinerad svärdfisk, skivade rädisor och tärnad gurka.
e) Garnera med strimlad nori och servera.

33. Sushiskål med hummer och avokado

INGREDIENSER:
- 1 lb kokt hummerkött, hackat
- 1/4 kopp ponzusås
- 1 msk honung
- 1 tsk färsk ingefära, riven
- 1 avokado, tärnad
- 1 dl mango, tärnad
- 2 koppar traditionellt sushiris, kokt
- Hackad gräslök till garnering

INSTRUKTIONER:
a) Blanda ponzusås, honung och riven ingefära i en skål.
b) Kasta hackat hummerkött i marinaden och ställ i kylen i 20 minuter.
c) Sätt ihop skålar med traditionellt sushiris som bas.
d) Toppa med marinerad hummer, tärnad avokado och mango.
e) Garnera med hackad gräslök och servera.

34.Tonfisk och vattenmelon Sushi Skål

INGREDIENSER:
- 1 pund tonfisk av sushikvalitet, i tärningar
- 1/4 kopp kokos aminos (eller sojasås)
- 2 msk limejuice
- 1 msk sesamolja
- 2 dl vattenmelon, tärnad
- 1 dl gurka, skivad
- 2 koppar traditionellt sushiris, kokt
- Myntablad till garnering

INSTRUKTIONER:
a) Vispa ihop kokosaminos, limejuice och sesamolja till marinaden.
b) Häll tonfisken i marinaden och ställ i kylen i 30 minuter.
c) Skapa skålar med kokt traditionellt sushi-ris som bas.
d) Toppa med marinerad tonfisk, tärnad vattenmelon och skivad gurka.
e) Garnera med färska myntablad och servera.

35. Mjukt skalKrabba Sushi Skål

INGREDIENSER:
- 4 soft-shell krabbor, rensade
- 1/4 kopp majonnäs
- 1 msk sriracha
- 1 msk limejuice
- 1 kopp strimlad sallad
- 1/2 kopp radicchio, hackad
- 2 dl sushiris
- Sesamfrön till garnering

INSTRUKTIONER:
a) Blanda majonnäs, sriracha och limejuice i en skål för att skapa såsen.
b) Belägg soft-shell krabbor med såsen och stek tills de är knapriga.
c) Skapa skålar med sushiris som bas.
d) Toppa med strimlad sallad, hackad radicchio och krispiga soft-shell krabbor.
e) Garnera med sesamfrön och servera.

36. Grillad Mahi-Mahi och ananas Sushi Skål

INGREDIENSER:
- 1 lb mahi-mahi filéer, grillade och i flingor
- 1/4 kopp teriyakisås
- 1 msk limejuice
- 1 tsk honung
- 1 kopp ananas, tärnad
- 1 dl röd paprika, skivad
- 2 koppar traditionellt sushiris, kokt
- Hackad koriander till garnering

INSTRUKTIONER:
a) Vispa ihop teriyakisås, limejuice och honung till marinaden.
b) Kasta grillad mahi-mahi i marinaden och ställ i kylen i 20 minuter.
c) Sätt ihop skålar med kokt traditionellt sushiris som bas.
d) Toppa med flingad mahi-mahi, tärnad ananas och skivad röd paprika.
e) Garnera med hackad koriander och servera.

GRÖNSAMISK SUSHI SKÅLAR

37. Tofu och grönsakssushiskål

INGREDIENSER:
- 1 block fast tofu, i tärningar
- 1/4 kopp sojasås
- 2 msk risvinäger
- 1 msk sesamolja
- 1 tsk agavesirap eller honung
- 1 dl körsbärstomater, halverade
- 1 paprika, tärnad
- 1 morot, finhackad
- 2 koppar kokt traditionellt sushiris
- Sesamfrön till garnering

INSTRUKTIONER:
a) Blanda sojasås, risvinäger, sesamolja och agavesirap för att skapa marinaden.
b) Kasta tofutärningar i marinaden och ställ i kylen i 30 minuter.
c) Fräs marinerad tofu i en panna tills den är gyllenbrun.
d) Sätt ihop skålar med traditionellt sushiris som bas.
e) Toppa med sauterad tofu, körsbärstomater, tärnad paprika och skuren morot.
f) Garnera med sesamfrön och servera.

38.Tempeh Sushi Skål

INGREDIENSER:
- 200 g kokt traditionellt sushiris
- 70 g Tempeh/Tofu eller svamp
- ½ liten röd chili
- 1 liten vitlöksklyfta
- Liten bit färsk ingefära
- 2 salladslökar/vårlökar
- 1 msk Tamari
- 35 g frysta edamamebönor eller ärtor
- 1 liten morot
- 1 mogen avokado
- ½ en färsk mango

GARNERING:
- Rostade sesamfrön
- 1 lime eller ½ citron

INSTRUKTIONER:
a) Koka ris enligt anvisningarna på förpackningen eller använd en förkokt förpackning.
b) Häll kokande vatten i en skål för att täcka och tina den frysta edamamen/ärterna.
c) Hacka tempeh/tofu eller svamp i lagom stora bitar. Finhacka vitlök, salladslök, ingefära och chili.
d) Värm en medelstor non-stick panna på hög värme. Tillsätt vitlök, ingefära, chili och salladslök. Sänk värmen till medel och koka i 3 minuter, rör om då och då. Tillsätt tempeh/tofu eller svamp och koka i 3-4 minuter. Tillsätt tamari och koka i ytterligare 1 minut tills tamarien har reducerats. Håll tempeh/tofun i rörelse för att koka på alla sidor. Avsätta.
e) Skiva avokadon till önskad tjocklek.
f) Skala och tärna mangon.
g) Skala moroten och använd en skalare för att skapa långa tunna strimlor.
h) Häll av edamamen/ärterna.

SÄTT IHOP SUSHI-SKÅLEN:
i) Fördela riset/quinoan mellan två skålar. Gör samma sak med tempeh/tofu eller svamp, lämna plats för andra komponenter.
j) Lägg avokado, morötter, edamame/ärtor och mango mellan skålarna.
k) Garnera med rostade sesamfrön och färsk lime- eller citronsaft.

39.Sesam-Skorpad svamp skål

INGREDIENSER:
- 2 msk vita sesamfrön
- 1 msk svarta nigellafrön
- 1/3 kopp panko ströbröd
- 1 ägg
- 1 msk mjölk
- 200g knappsvamp
- 1 knippe broccolini
- 1/3 kopp frysta edamamebönor, upptinade
- 1 kopp kokt traditionellt sushiris
- 1 avokado, skivad
- ¾ kopp rödkål, tunt skivad
- 1 liten gurka, tunt skivad
- 4 rädisor, tunt skivade
- 2 vårlökar, tunt skivade (för servering)
- Inlagd ingefära (till servering)

KLÄ PÅ SIG:
- 1 tsk vit misopasta
- 3 matskedar mirin
- 1 tsk jordnötssmör
- 3 teskedar extra virgin olivolja

INSTRUKTIONER:

a) I en stor skål, kombinera sesamfrön, nigellafrön, ströbröd och en nypa havssalt.
b) I en annan skål, vispa ihop ägg och mjölk.
c) Doppa svampen i äggblandningen och rulla sedan i smulblandningen så att den blir jämnt täckt.
d) Värm 2 matskedar olivolja i en stor stekpanna med non-stick på medelvärme.
e) Arbeta i omgångar, koka svamp i 5 minuter eller tills den yttre smulan är knaprig och gyllenbrun.
f) Överför till en tallrik klädd med hushållspapper för att absorbera överflödig olja.
g) Koka upp en stor kastrull med vatten. Tillsätt broccolini och edamame, koka i 1 minut eller tills broccolin är kokt men fortfarande krispigt och edamame är ljust grönt. Häll av och ställ åt sidan.

FÖRBERED DRESSING:

h) Blanda alla ingredienserna till dressingen i en liten kanna, rör om väl för att lösa upp misopastaklumpar.

MONTERA SKÅL:

i) Dela traditionellt sushiris mellan två serveringsskålar.
j) Ordna avokado, kål, gurka, rädisa och kokta grönsaker ovanpå ris och runt skålens sidor.
k) Toppa med smulad svamp.
l) Strö över vårlök, ringla över dressing och garnera med inlagd ingefära.
m) Njut av din nyttiga och krispiga svampskål med sesamskorpa!

40. General Tso's Tofu Sushi Skål

INGREDIENSER:
BASEN
- 2 dl kokt sushiris

GRÖNSARNA
- 10 körsbärstomater, halverade eller tredjedelar
- 2-3 små rädisor, tunt skivade
- 1 medelstor morot, tunt skivad
- 1 libanesisk gurka, tunt skivad
- 1 kopp fryst skalad edamame, tinad och avrunnen
- 1/2 kopp picklad rödlök
- 1 avokado, skalad, urkärnad och skivad

FÖR DEN ALLMÄNNA TSO:S TOFU
- 1/2 pund fast tofu, i tärningar
- 2 msk tapiokastärkelse (eller majsstärkelse)
- 2-3 msk avokadoolja för matlagning

TILL SÅSEN
- 3/4 kopp vatten
- 2 msk ketchup
- 2 msk risvinäger
- 2 msk ren lönnsirap
- 2 msk tamari
- 1 msk rostad sesamolja
- 1 tsk sriracha
- 1/4 tsk mald ingefära
- 1/8 tsk kinesisk fem kryddor
- 2 vitlöksklyftor, hackade

ATT GARNERA
- Svarta och vita sesamfrön

INSTRUKTIONER:
a) Koka riset enligt instruktionerna på förpackningen, eller använd din favoritmetod.
b) Förbered under tiden dina grönsaker, men vänta till slutet med att skala och skiva avokadon, för att undvika att bryna.
c) Skär tofun i lagom stora tärningar och lägg dem i en medelstor skål tillsammans med tapiokastärkelsen; blanda tills tofun är helt och jämnt täckt.
d) I en separat skål, kombinera ingredienserna till såsen och vispa kraftigt tills det är väl blandat.
e) Hetta upp några matskedar avokadoolja i en stor stekpanna eller wok på medelhög värme. När det är varmt, tillsätt försiktigt tofutärningarna och stek tills de är gyllene och krispiga på alla sidor, cirka 5 minuter.
f) Tillsätt såsen i kastrullen och låt den sjuda tills den har reducerats och tjocknat, cirka 3 minuter, ta sedan av värmen.
g) Sätt ihop sushiskålarna: Dela riset (eller valfritt spannmål du valt att använda) mellan 2 ganska stora skålar. Ordna de förberedda grönsakerna runt skålen ovanpå riset och sked sedan General Tso's tofun mitt i mitten.
h) Garnera med sesamfrön, om så önskas, och servera utan dröjsmål!

41.Poké skål med tomat sashimi

INGREDIENSER:
- 15g krispig lök
- 160 g blancherade edamamebönor
- 150 g sushi ris
- 5 g wasabipasta
- 1 vårlök
- 45g fri från majonnäs
- 15 ml risvinäger
- 15 ml mirin
- 5g svarta sesamfrön
- 150 g vårgrönt
- 125g säsongsbetonade rädisor
- 3 tomater
- 15 ml tamari sojasås
- Salt, socker, vegetabilisk olja

INSTRUKTIONER:
a) Värm ugnen till 220°C/200°C (fläkt)/Gas 7.
b) Skölj sushariset i en sil under kallt rinnande vatten i 30 sekunder. Ställ åt sidan för att rinna av helt.
c) Tillsätt det avrunna riset med 200 ml kallt vatten och en rejäl nypa salt i en kastrull med lock. Koka upp försiktigt, sänk sedan värmen till låg tills det bubblar mycket försiktigt. Koka under lock i 15 min.
d) Efter 15 minuter, ta bort grytan från värmen och håll täckt i ytterligare 10 minuter innan servering – det här är ditt klibbiga ris.
e) Koka en vattenkokare.
f) Skär ett kors mycket lätt i botten av tomaterna och lägg dem i en stor, värmetålig skål.
g) Täck tomaterna med kokt vatten tills de är helt nedsänkta och ställ åt sidan tills senare.
h) Skiva rädisorna fint. Lägg dem i en skål med hälften av risvinägern och en nypa socker. Lägg åt sidan för att sylta – det här är dina snabbinlagda rädisor.
i) Putsa vårlöken[erna] och hacka sedan i batonger.
j) Skiva varje batong i 4 bitar på längden – det här är din strimlade vårlök.

k) Riv av bladen från vårgrönsakerna, kassera de sega stjälkarna.
l) Lägg bladen över varandra, rulla ihop dem och finstrimla.
m) Lägg de strimlade vårgrönsakerna på en stor bakplåt. Strö över en generös nypa salt, 1 tsk socker och en stor klick vegetabilisk olja.
n) Sätt in plåten i ugnen i 8-10 min eller tills den är knaprig – det här är ditt krispiga "tång".
o) Låt de blötlagda tomaterna rinna av, dra sedan av skalet, börja från korset.
p) Skär tomaterna i fjärdedelar, gröp ur och kassera fröna. Du kommer att sluta med tomatblad.
q) Lägg tillbaka tomatbladen i skålen och tillsätt tamari-sojasåsen och mirin. Ställ åt sidan för att marinera – det här är din tomatsashimi.
r) Tillsätt edamamebönorna i en skål och låt mikrovågsugnen stå i 1 min eller tills de är rykande heta och mjuka med en tugga.
s) Kombinera majonnäs med wasabipasta och en liten skvätt vatten i en skål – det här är din wasabimayo.
t) När sushiriset är klart, rör ner den återstående risvinägern och en nypa socker – det här är ditt klibbiga sushiris.
u) Servera det klibbiga sushiriset i skålar och toppa med tomatsashimi, kokt edamame, snabbinlagda rädisor, strimlad vårlök. Servera den knapriga 'tången' vid sidan om.
v) Ringla resten av såsen över sashimin och ringla wasabi mayon över edamame och rädisor.
w) Strö över den knapriga löken och de svarta sesamfröna.

42. Vegansk sushiskål med tahinisås

INGREDIENSER:
RIS:
- 1 kopp traditionellt sushiris
- 1 ½ dl vatten (360 ml)
- ½ tsk salt

TOFU:
- 1 Recept krispig tofu eller underkrispiga kikärter

GRÖNSAKER (ANVÄND DIN FAVORITT):
- 1 gurka, tärnad
- 1 ½ koppar lila kål, strimlad (135 g)
- 6-8 rädisor, skivade
- 3 stjälkar salladslökar (valfritt)
- 1 sats morotslox eller 2 stora morötter i julien
- 1 kopp edamame (155 g)
- 1 avokado, tärnad

TAHINI-SÅS:
- ¼ kopp tahini eller jordnötssmör eller cashewsmör
- 1 vitlöksklyfta, finhackad
- 1 tsk färsk ingefära, riven (valfritt)
- 1 tsk misopasta (valfritt)
- 1 msk lönnsirap
- 1 msk risvinäger
- 1 msk tamari eller sojasås
- 1 tsk sriracha (valfritt, efter smak)
- 2-4 msk vatten till önskad konsistens

ATT GARNERA (VALFRITT):
- sesamfrön
- färska citroner eller limefrukter
- jalapeños, skivad
- färska örter (t.ex. koriander eller thailändsk basilika)

INSTRUKTIONER:

ris:
a) Tillsätt riset och vattnet i en kastrull (eller riskokare) och låt det koka upp.
b) Sänk värmen till låg, täck över och låt sjuda i 15 minuter tills allt vatten har absorberats.
c) Ta av från värmen och låt ånga i 10 minuter med locket på.
d) Tillsätt saltet, fluffa med en gaffel och ställ åt sidan.

Tofu:
e) Förbered under tiden den knapriga tofun enligt detta recept. (Alternativt förbered krispiga kikärtor enligt detta recept).

Grönsaker:
f) Tärna gurkan, strimla kålen med en mandolin och skiva rädisor och salladslök.
g) Om du inte har morotslox till hands, skär 2 stora morötter i band, med en grönsaksskalare eller julienne.
h) Tina edamamen enligt anvisningarna på förpackningen och tärna avokadon.

Tahinisås:
i) Mixa alla ingredienser till tahinisåsen i en mixer tills den är slät.
j) Tillsätt vatten till önskad konsistens. (Alternativt servera din sushiskål med jordnötssås).

SÄTT IHOP SUSHI-SKÅLEN:
k) Fördela riset mellan 4 skålar.
l) Montera alla beredda grönsaker och krispig tofu på riset.
m) Toppa med avokado, sesamfrön, jalapeños och örter efter önskemål.
n) Servera med tahinisås och citron- eller limeklyftor vid sidan av.

43. Skål med sjögräsris

INGREDIENSER:
- 1 ägg
- Tunt skivad nori efter behov
- Dashi, en nypa
- ½ tesked Mirin
- ½ tsk sojasås
- MSG, en nypa
- Furikake, efter behov
- 1 kopp kokt vitt ris

INSTRUKTIONER:
a) Lägg ris i en skål och gör en grund skopa i mitten.
b) Bryt hela ägget i mitten.
c) Smaksätt med en halv tesked sojasås, en nypa salt, en nypa MSG, en halv tesked mirin och en nypa Dashi.
d) Rör om kraftigt med ätpinnar för att införliva ägget, det ska bli blekgult, skummande och fluffigt i konsistensen.
e) Smaka av och justera kryddor efter behov.
f) Strö över furikake och nori, gör en liten skopa på toppen och tillsätt den andra äggulan.
g) Din rätt är redo att serveras.

44. Wokad Sushi Skål

INGREDIENSER:
- 1½ dl sushiris
- 4 stora smörsallatsblad
- ½ kopp rostade jordnötter, grovt hackade
- 4 tsk hackad salladslök, endast gröna delar
- 4 stora shiitakesvampar, stjälkarna avlägsnade och tunt skivade
- Kryddig tofumix
- ½ morot, spiralskuren eller strimlad

INSTRUKTIONER:
a) Förbered Sushi-riset och kryddig tofumix.
b) Lägg upp smörsallatsbladen på en serveringsbricka.
c) Rör ihop det förberedda sushiriset, rostade jordnötterna, hackad salladslök och shiitakesvampskivorna i en medelstor skål.
d) Dela det blandade riset mellan salladsskålarna.
e) Packa försiktigt ner riset i salladsskålen.
f) Fördela den kryddiga tofublandningen mellan salladsskålarna.
g) Toppa var och en med några av morotsvirvlarna eller strimlarna.
h) Servera wokningsskålarna med lite sötad sojasirap.

45. Krispigt stekt Tofu Sushi Skål

INGREDIENSER:
- 4 koppar tillagat traditionellt sushiris
- 6 uns fast tofu, skuren i tjocka skivor
- 2 msk potatisstärkelse eller majsstärkelse
- 1 stor äggvita, blandad med 1 tsk vatten
- ½ dl brödsmulor
- 1 tsk mörk sesamolja
- 1 tsk matolja
- ½ tsk salt
- En morot, skuren i 4 tändstickor
- ½ avokado, skuren i tunna skivor
- 4 matskedar majskärnor, kokta
- 4 tsk hackad salladslök, endast gröna delar
- 1 nori, skuren i tunna strimlor

INSTRUKTIONER:
a) Förbered Sushi-riset.
b) Lägg skivorna mellan lager av hushållspapper eller rena diskhanddukar och lägg en tung skål ovanpå dem.
c) Låt tofuskivorna rinna av i minst 10 minuter.
d) Värm din ugn till 375°F.
e) Muddra de avrunna tofuskivorna i potatisstärkelsen.
f) Lägg skivorna i äggviteblandningen och vänd dem så att de täcks.
g) Blanda panko, mörk sesamolja, salt och matolja tillsammans i en medelstor skål.
h) Tryck lätt på några av pankoblandningarna på var och en av tofuskivorna.
i) Lägg skivorna på en plåt täckt med bakplåtspapper.
j) Grädda i 10 minuter och vänd sedan skivorna.
k) Grädda i ytterligare 10 minuter, eller tills pankobeläggningen är krispig och gyllenbrun.
l) Ta ut skivorna från ugnen och låt dem svalna något.
m) Samla ihop 4 små serveringsskålar. Blöt fingertopparna innan du lägger till ¾ kopp sushiris i varje skål.
n) Platta försiktigt ut risets yta i varje skål. Dela panko tofuskivorna mellan de 4 skålarna.
o) Tillsätt ¼ av morotständstickorna i varje skål.
p) Lägg ¼ av avokadoskivorna i varje skål. Höga 1 matsked av majskärnorna ovanpå varje skål.
q) För att servera, strö ¼ av nori-remsorna över varje skål. Servera med sötad sojasirap eller sojasås.

46. Ratatouille Sushi Skål

INGREDIENSER:
- 2 koppar tillagat traditionellt sushiris
- 4 stora tomater, blancherade och skalade
- 1 msk hackad salladslök, endast gröna delar
- ½ liten japansk aubergine, rostad och skuren i små tärningar
- 4 matskedar stekt lök
- 2 msk sesamnudeldressing

INSTRUKTIONER:
a) Förbered sushiriset och sesamnuddeldressingen.
b) Lägg Sushi-riset, salladslöken, aubergine, stekt lök och sesamnudeldressing i en medelstor skål och blanda väl.
c) Skär bort toppen av varje tomat och gröp ur mitten.
d) Häll ½ kopp av den blandade Sushi-risblandningen i varje tomatskål.
e) Använd baksidan av skeden för att försiktigt platta ut riset.
f) Servera tomatskålarna med en gaffel.

47.Avokado Sushi skål

INGREDIENSER:

- 1½ koppar tillagat traditionellt sushiris
- ¼ liten jicama, skalad och skuren i tändstickor
- ½ jalapeño chilipeppar, frön borttagna och grovhackade
- Saft av ½ lime
- 4 msk Sushirisdressing
- ¼ avokado, skalad, kärnad och skär i tunna skivor
- 2 färska korianderkvistar, till garnering

INSTRUKTIONER:

a) Förbered Sushi-riset och Sushi-risdressingen.
b) Blanda jicama-tändstickarna, hackad jalapeño, limejuice och sushirisdressing i en liten skål som inte är av metall. Låt smakerna blandas i minst 10 minuter.
c) Häll av vätskan från jicamamixen.
d) Blöt fingertopparna innan du lägger till ¾ kopp sushiris i varje skål.
e) Platta försiktigt ut risets yta.
f) Höga ½ av den marinerade jicamaen ovanpå varje skål.
g) Dela avokadoskivorna mellan de två skålarna, arrangera var och en i ett snyggt mönster över riset.
h) För att servera toppar du varje skål med en färsk korianderkvist och Ponzu-sås.

48.Ägg, Ost och Gröna bönor Sushiskål

INGREDIENSER:
- 1½ koppar tillagat traditionellt sushiris
- 10 haricots verts, blancherade och skurna i strimlor
- 1 japansk omelettark, skuren i strimlor
- 4 msk getost, smulad
- 2 tsk hackad salladslök, endast gröna delar

INSTRUKTIONER:
a) Förbered Sushi-riset och det japanska omelettarket.
b) Blöt fingertopparna innan du lägger till ¾ kopp sushiris i varje skål.
c) Platta försiktigt ut risets yta i varje skål.
d) Dela haricots verts, omelettäggsbitarna och getosten mellan de två skålarna i ett snyggt mönster.
e) För att servera, strö 1 tesked salladslök i varje skål.

49.Avokado och kikärts sushiskål

INGREDIENSER:
- 1 kopp kokt traditionellt sushiris
- 1 burk kikärter, avrunna och sköljda
- 1 avokado, skivad
- 1 gurka, tärnad
- 1 morot, finhackad
- 2 msk sojasås
- 1 msk sesamolja
- 1 msk risvinäger
- Sesamfrön till garnering
- Nori-remsor till garnering

INSTRUKTIONER:
a) Blanda sojasås, sesamolja och risvinäger i en skål.
b) Släng ner kikärter i sojablandningen och låt dem marinera i minst 15 minuter.
c) Sätt ihop skålar med traditionellt sushiris som bas.
d) Toppa med marinerade kikärter, skivad avokado, tärnad gurka och skuren morot.
e) Garnera med sesamfrön och nori-remsor.

FRUKT SUSHI SKÅLAR

50.Persika Sushi skål

INGREDIENSER:
- 2 koppar tillagat traditionellt sushiris
- 1 stor persika, kärnade och skär i 12 klyftor
- ½ kopp Sushi-risdressing
- ½ tsk vitlök chilisås
- Skvätt mörk sesamolja
- 1 knippe vattenkrasse, tjocka stjälkar borttagna

VALFRITT TOPPINGS
- Avokado
- Lax
- Tonfisk

INSTRUKTIONER:
a) Förbered Sushi-riset och extra Sushi-risdressing.
b) Lägg persiklyftorna i en medelstor skål. Tillsätt Sushi-risdressingen, vitlök chilisås och mörk sesamolja.
c) Ge persikorna ett gott släng i marinaden innan du täcker dem.
d) Låt persikorna stelna i rumstemperatur i marinaden i minst 30 minuter och upp till 1 timme.
e) Blöt fingertopparna innan du lägger ½ kopp av det förberedda sushiriset i varje skål.
f) Platta försiktigt ut risets yta.
g) Dela påläggen jämnt i ett attraktivt mönster över toppen av varje skål, tillåt 3 persikoskivor per portion.
h) Servera med en gaffel och sojasås till doppning.

51. Apelsin sushikoppar

INGREDIENSER:
- 1 kopp tillagat traditionellt sushiris
- 2 kärnfria navelapelsiner
- 2 tsk plockad plommonpasta
- 2 tsk rostade sesamfrön
- 4 stora shisoblad eller basilikablad
- 4 tsk hackad salladslök, endast gröna delar
- 4 imiterade krabbapinnar, benstil
- 1 ark nori

INSTRUKTIONER:
a) Förbered Sushi-riset.
b) Skär apelsinerna på mitten på tvären. Ta bort en liten skiva från botten av varje halva så att var och en lägger sig platt på skärbrädan. Använd en sked för att ta bort insidan från varje halva. Spara alla juicer, fruktkött och segment för annan användning såsom Ponzu-sås.
c) Doppa fingertopparna i vatten och lägg cirka 2 matskedar av det förberedda sushiriset i varje apelsinskål.
d) Smörj ½ tesked av den inlagda plommonpastan över riset. Lägg ytterligare 2 msk lager ris i varje skål. Strö ½ tesked av de rostade sesamfröna över riset.
e) Stoppa ett shiso-blad i hörnet på varje skål. Höga 1 tsk av salladslöken framför shisobladen i varje skål. Ta de imiterade krabbasticks och gnugga dem mellan handflatorna för att strimla eller använd en kniv för att skära dem i strimlor. Stapla krabba för en pinne på toppen av varje skål.
f) För att servera skär du nori i tändsticksbitar med en kniv. Toppa varje skål med några av nori-bitarna. Servera med sojasås.

52.Tropisk Paradise Frukt Sushi Skål

INGREDIENSER:
- 1 kopp sushi ris, kokt
- 1 mango, skivad
- 1 kiwi, skivad
- 1/2 kopp ananas, tärnad
- 1/4 kopp riven kokos
- 2 msk svarta sesamfrön
- Honung för duggregn

INSTRUKTIONER:
a) Lägg det kokta sushiriset i en skål.
b) Ordna mango, kiwi och ananasskivor ovanpå riset.
c) Strö strimlad kokos och svarta sesamfrön över frukten.
d) Ringla honung över skålen.
e) Servera och njut!

53.Bärlycka fruktSushi Skål

INGREDIENSER:
- 1 kopp sushi ris, kokt
- 1 dl blandade bär (jordgubbar, blåbär, hallon)
- 1 banan, skivad
- 1/4 kopp granola
- 2 msk chiafrön
- Grekisk yoghurt till topping

INSTRUKTIONER:
a) Fördela det kokta sushiriset i en skål.
b) Ordna de blandade bären, bananskivorna och granolan ovanpå.
c) Strö chiafrön över skålen.
d) Lägg en klick grekisk yoghurt på sidan eller ovanpå.
e) Servera omedelbart.

54.Citrusfröjd fruktSushi Skål

INGREDIENSER:
- 1 kopp sushi ris, kokt
- 1 apelsin, segmenterad
- 1 grapefrukt, segmenterad
- 1/2 kopp granatäpplekärnor
- Myntablad till garnering
- 2 msk pistagenötter, hackade

INSTRUKTIONER:
a) Lägg det kokta sushiriset i en skål.
b) Ordna apelsin- och grapefruktsegmenten ovanpå.
c) Strö granatäpplekärnor och hackade pistagenötter över frukten.
d) Garnera med färska myntablad.
e) Servera och njut av den citrusiga godheten.

55.Choklad Banan Frukt Sushi Skål

INGREDIENSER:
- 1 kopp sushi ris, kokt
- 2 bananer, skivade
- 2 matskedar kakaopulver
- 2 msk lönnsirap
- 1/4 kopp chokladchips
- Mandel till topping

INSTRUKTIONER:
a) Blanda ner kakaopulver och lönnsirap i det kokta sushiriset.
b) Lägg riset med chokladsmak i en skål.
c) Lägg bananskivor ovanpå och strö över chokladbitar.
d) Tillsätt hackad mandel för en krispig konsistens.
e) Servera och njut av chokladbananglädjen.

56.Äpple kanelrulle frukt sushi skål

INGREDIENSER:
- 1 kopp sushi ris, kokt
- 1 äpple, tunt skivat
- 2 msk kanelsocker
- 1/4 kopp russin
- 1/4 kopp hackade valnötter
- Grekisk yoghurt till topping

INSTRUKTIONER:
a) Fördela det kokta sushiriset i en skål.
b) Ordna äppelskivorna ovanpå.
c) Strö kanelsocker, russin och hackade valnötter över skålen.
d) Tillsätt en klick grekisk yoghurt för en krämig finish.
e) Njut av godheten med äppelkanel!

57. Kiwi JordgubbsmyntaFrukt Sushi Skål

INGREDIENSER:
- 1 kopp sushi ris, kokt
- 2 kiwi, skivade
- 1 dl jordgubbar, skivade
- Färska myntablad
- 2 matskedar honung
- 1/4 kopp skivad mandel

INSTRUKTIONER:
a) Lägg det kokta sushiriset i en skål.
b) Lägg kiwi och jordgubbsskivor ovanpå.
c) Garnera med färska myntablad.
d) Ringla honung över skålen.
e) Strö över skivad mandel för extra crunch.
f) Servera och njut av de uppfriskande smakerna.

58.Pina Colada Frukt Sushi skål

INGREDIENSER:
- 1 kopp sushi ris, kokt
- 1 kopp ananasbitar
- 1/2 kopp kokosflingor
- 1/4 kopp macadamianötter, hackade
- Kokosyoghurt till topping
- Ananasjuice att ringla över

INSTRUKTIONER:
a) Fördela det kokta sushiriset i en skål.
b) Ordna ananasbitar ovanpå.
c) Strö över kokosflingor och hackade macadamianötter.
d) Lägg en skopa kokosyoghurt vid sidan av.
e) Ringla ananasjuice över skålen.
f) Dyk in i de tropiska smakerna!

59.Mango Avocado Salighet FruktSushi Skål

INGREDIENSER:
- 1 kopp sushi ris, kokt
- 1 mango, tärnad
- 1 avokado, skivad
- 1/4 kopp rödlök, finhackad
- 2 msk koriander, hackad
- Limeklyftor till servering

INSTRUKTIONER:
a) Lägg det kokta sushiriset i en skål.
b) Lägg mango- och avokadobitar ovanpå.
c) Strö över hackad rödlök och koriander.
d) Servera med limeklyftor för extra smak.
e) Njut av blandningen av mango och avokadolycka!

BÖTT SUSHI SKÅLAR

60.Teriyaki Nötkött Sushi Skål

INGREDIENSER:
- 1 lb nötbiff eller flankstek, tunt skivad
- 1/4 kopp sojasås
- 2 msk mirin
- 1 msk honung
- 1 msk sesamolja
- 1 tsk riven ingefära
- 1 vitlöksklyfta, finhackad
- 2 koppar kokt traditionellt sushiris
- Skivad salladslök och sesamfrön till garnering

INSTRUKTIONER:
a) Blanda sojasås, mirin, honung, sesamolja, riven ingefära och hackad vitlök i en skål för att skapa marinaden.
b) Kasta tunt skivat nötkött i marinaden och kyl i minst 30 minuter.
c) Bryn det marinerade nötköttet i en het stekpanna tills det är tillagat efter eget tycke.
d) Sätt ihop skålar med traditionellt sushiris som bas.
e) Toppa med teriyakibiff, skivad salladslök och sesamfrön. Servera och njut!

61.Koreansk Bulgogi Nötkött Sushi Skål

INGREDIENSER:
- 1 lb nötkött ribeye, tunt skivad
- 1/4 kopp sojasås
- 2 msk farinsocker
- 1 msk sesamolja
- 1 matsked mirin
- 2 salladslökar, skivade
- 1 morot, finhackad
- 2 koppar kokt traditionellt sushiris
- Kimchi till garnering

INSTRUKTIONER:
a) Blanda sojasås, farinsocker, sesamolja och mirin för att skapa marinaden.
b) Marinera tunt skivat nötkött i blandningen i minst 1 timme.
c) Koka det marinerade köttet i en het stekpanna tills det är karamelliserat och genomstekt.
d) Skapa skålar med traditionellt sushiris som bas.
e) Toppa med bulgogibiff, skivad salladslök, julienned morötter och kimchi.

62.Thai Basil Nötkött Sushi Skål

INGREDIENSER:
- 1 lb ytterfilé, tunt skivad
- 1/4 kopp sojasås
- 2 msk ostronsås
- 1 msk fisksås
- 1 msk farinsocker
- 1 dl färska basilikablad
- 1 röd paprika, skivad
- 2 koppar kokt traditionellt sushiris
- Krossade jordnötter till garnering

INSTRUKTIONER:
a) Kombinera sojasås, ostronsås, fisksås och farinsocker för att göra marinaden.
b) Marinera tunt skivat nötkött i blandningen i minst 30 minuter.
c) Koka det marinerade köttet i en het stekpanna tills det fått färg och genomstekt.
d) Sätt ihop skålar med traditionellt sushiris som bas.
e) Toppa med thailändsk basilika, skivad röd paprika och färska basilikablad. Garnera med krossade jordnötter.

63. Kryddig Sriracha Nötkött Sushi Skål

INGREDIENSER:
- 1 lb ytterfilé, tunt skivad
- 1/4 kopp sojasås
- 2 msk srirachasås
- 1 msk honung
- 1 msk limejuice
- 1 kopp strimlad vitkål
- 1 mango, tärnad
- 2 koppar kokt traditionellt sushiris
- Hackad koriander till garnering

INSTRUKTIONER:
a) Blanda sojasås, srirachasås, honung och limejuice för att skapa marinaden.
b) Marinera tunt skivat nötkött i blandningen i minst 30 minuter.
c) Koka det marinerade köttet i en het stekpanna tills det fått färg och genomstekt.
d) Sätt ihop skålar med traditionellt sushiris som bas.
e) Toppa med kryddigt srirachabiff, strimlad kål och tärnad mango. Garnera med hackad koriander.

64. Vitlök-Lime Kjol Steak Sushi Skål

INGREDIENSER:
- 1 lb kjolstek, tunt skivad
- 1/4 kopp sojasås
- 2 matskedar olivolja
- 3 vitlöksklyftor, hackade
- Skal och saft av 1 lime
- 1 rödlök, tunt skivad
- 1 dl körsbärstomater, halverade
- 2 koppar kokt traditionellt sushiris
- Färsk persilja till garnering

INSTRUKTIONER:
a) I en skål, kombinera sojasås, olivolja, hackad vitlök, limeskal och limejuice för att skapa marinaden.
b) Marinera tunt skivad kjolstek i blandningen i minst 30 minuter.
c) Koka den marinerade steken i en het stekpanna tills den är tillagad efter eget tycke.
d) Sätt ihop skålar med traditionellt sushiris som bas.
e) Toppa med vitlök-lime kjolstek, skivad rödlök och körsbärstomater. Garnera med färsk persilja.

65. Cilantro-Lime Nötkött Sushi Skål

INGREDIENSER:
- 1 lb ytterfilé, tunt skivad
- 1/4 kopp sojasås
- 2 msk limejuice
- 1 msk fisksås
- 2 tsk honung
- 1 kopp jicama, skuren
- 1 röd paprika, tunt skivad
- 2 koppar kokt traditionellt sushiris
- Krossade jordnötter till garnering

INSTRUKTIONER:
a) Blanda sojasås, limejuice, fisksås och honung för att skapa marinaden.
b) Marinera tunt skivat nötkött i blandningen i minst 30 minuter.
c) Koka det marinerade köttet i en het stekpanna tills det fått färg och genomstekt.
d) Skapa skålar med traditionellt sushiris som bas.
e) Toppa med korianderlimebiff, julienned jicama, skivad röd paprika och krossade jordnötter.

66.Rökig Chipotle Nötkött Sushi Skål

INGREDIENSER:
- 1 lb oxfilé, tunt skivad
- 1/4 kopp sojasås
- 2 msk adobosås (från konserverad chipotle paprika)
- 1 msk honung
- 1 tsk rökt paprika
- 1 avokado, skivad
- 1 dl svarta bönor, avrunna och sköljda
- 2 koppar kokt traditionellt sushiris
- Skivad salladslök till garnering

INSTRUKTIONER:
a) Vispa ihop sojasås, adobosås, honung och rökt paprika för att skapa marinaden.
b) Marinera tunt skivat nötkött i blandningen i minst 30 minuter.
c) Koka det marinerade köttet i en het stekpanna tills det fått färg och genomstekt.
d) Sätt ihop skålar med traditionellt sushiris som bas.
e) Toppa med rökigt chipotlebiff, skivad avokado, svarta bönor och skivad salladslök.

67. Hoisin-Ingefära Nötkött Sushi Skål

INGREDIENSER:
- 1 lb ytterfilé, tunt skivad
- 1/4 kopp hoisinsås
- 2 msk sojasås
- 1 msk risvinäger
- 1 msk riven ingefära
- 1 dl snöärtor, skivade
- 1 morot, finhackad
- 2 koppar kokt traditionellt sushiris
- Sesamfrön till garnering

INSTRUKTIONER:
a) Kombinera hoisinsås, sojasås, risvinäger och riven ingefära för att skapa marinaden.
b) Marinera tunt skivat nötkött i blandningen i minst 30 minuter.
c) Koka det marinerade köttet i en het stekpanna tills det fått färg och genomstekt.
d) Skapa skålar med traditionellt sushiris som bas.
e) Toppa med hoising-ingefärsbiff, skivade snöärtor, julienned morot och strö över sesamfrön.

68. Biff och avokado Sushi Skål

INGREDIENSER:
- 1 kopp sushi ris, kokt
- 1 kopp grillad biff, skivad
- 1 avokado, skivad
- 1/4 kopp körsbärstomater, halverade
- 1/4 kopp rödlök, tunt skivad
- Balsamicoglasyr för duggregn
- Färska basilikablad till garnering

INSTRUKTIONER:
a) Fördela det kokta sushiriset i en skål.
b) Lägg skivad grillad biff ovanpå.
c) Tillsätt skivad avokado, halverade körsbärstomater och tunt skivad rödlök.
d) Ringla balsamicoglasyr över skålen.
e) Garnera med färska basilikablad.
f) Servera och njut av biffen och avokadogodan!

69.Sesam Ingefära Nötkött Sushi Skål

INGREDIENSER:
- 1 kopp sushi ris, kokt
- 1 kopp sesam ingefära marinerad nötkött, kokt
- 1/2 kopp snapsärtor, blancherade
- 1/4 kopp strimlade morötter
- 1/4 kopp rödkål, tunt skivad
- Ingefära sojadressing för duggregn
- Salladslök till garnering

INSTRUKTIONER:
a) Fördela det kokta sushiriset i en skål.
b) Lägg kokt sesam ingefärsbiff ovanpå.
c) Tillsätt blancherade snapsärtor, strimlade morötter och tunt skivad rödkål.
d) Ringla ingefära sojadressing över skålen.
e) Garnera med hackad salladslök.
f) Servera och njut av den läckra sushiskålen med sesam ingefära!

70. Knaprig Nötkött Tempura Sushi Skål

INGREDIENSER:
- 1 kopp sushi ris, kokt
- 1 kopp biff tempura, skivad
- 1/2 kopp avokado, skivad
- 1/4 kopp inlagd ingefära
- 1/4 kopp strimlad nori (tång)
- Tempura dippsås för duggregn

INSTRUKTIONER:
a) Fördela det kokta sushiriset i en skål.
b) Lägg skivad bifftempura ovanpå.
c) Tillsätt skivad avokado och inlagd ingefära.
d) Strö strimlad nori över skålen.
e) Ringla tempuradippsås.
f) Servera och njut av den krispiga och krispiga bifftempura sushiskålen!

71.Mexikansk nötkött Fajita Sushi Skål

INGREDIENSER:
- 1 kopp sushi ris, kokt
- 1 kopp biff fajita strimlor, grillade
- 1/2 kopp svarta bönor, avrunna och sköljda
- 1/4 kopp majskärnor, grillade
- 1/4 kopp körsbärstomater, i fjärdedelar
- Sås och gräddfil till topping
- Färsk koriander till garnering

INSTRUKTIONER:
a) Fördela det kokta sushiriset i en skål.
b) Lägg grillade bifffajita-remsor ovanpå.
c) Tillsätt svarta bönor, grillad majs och kvartade körsbärstomater.
d) Toppa med sås och gräddfil.
e) Garnera med färsk koriander.
f) Servera och njut av den mexikanskinspirerade bifffajita sushiskålen!

72. Philly Ost biff Sushi Skål

INGREDIENSER:

- 1 kopp sushi ris, kokt
- 1 kopp tunt skivad biff, tillagad
- 1/2 dl paprika, tunt skivad
- 1/4 kopp karamelliserad lök
- 1/4 kopp provolone eller smält ost
- Hoagiesås till duggregn
- Färsk persilja till garnering

INSTRUKTIONER:

a) Fördela det kokta sushiriset i en skål.
b) Lägg tillagad biff ovanpå.
c) Tillsätt tunt skivad paprika och karamelliserad lök.
d) Ringla hoagiesås över skålen.
e) Toppa med smält ost.
f) Garnera med färsk persilja.
g) Servera och njut av smakerna från en Philly Ost biff i form av sushiskål!

73. Biff och Mango Tango Sushi Skål

INGREDIENSER:
- 1 kopp sushi ris, kokt
- 1 dl biffskivor, grillade
- 1/2 kopp mango, tärnad
- 1/4 kopp rödlök, finhackad
- 1/4 kopp koriander, hackad
- Mangovinägrett för duggregn
- Krossade jordnötter till garnering

INSTRUKTIONER:
a) Fördela det kokta sushiriset i en skål.
b) Lägg grillade biffskivor på toppen.
c) Tillsätt tärnad mango, finhackad rödlök och hackad koriander.
d) Ringla mangovinägrett över skålen.
e) Garnera med krossade jordnötter.
f) Servera och njut av den söta och salta Nötkött and Mango Tango Sushi Skål!

74.Satay Nötkött Sushi Skål

INGREDIENSER:
- 1 kopp sushi ris, kokt
- 1 dl biffstrimlor, marinerade och grillade i sataysås
- 1/2 kopp gurka, skivad
- 1/4 kopp strimlade morötter
- 1/4 kopp jordnötter, hackade
- Sataysås till duggregn
- Färska myntablad till garnering

INSTRUKTIONER:
a) Fördela det kokta sushiriset i en skål.
b) Lägg grillade sataybiffstrimlor ovanpå.
c) Tillsätt skivad gurka, strimlade morötter och hackade jordnötter.
d) Ringla sataysås över skålen.
e) Garnera med färska myntablad.
f) Servera och njut av den läckra Satay Nötkött Sushi Skål!

SUSHISKÅLAR FÖR FRISKÖTT

75.Skinka Och Persika Sushi Skål

INGREDIENSER:
- 2 koppar tillagat traditionellt sushiris
- 1 stor persika, kärnade och skär i 12 klyftor
- ½ kopp Sushi-risdressing
- ½ tsk vitlök chilisås
- Skvätt mörk sesamolja
- 4 uns prosciutto, skuren i tunna strimlor
- 1 knippe vattenkrasse, tjocka stjälkar borttagna

INSTRUKTIONER:
a) Förbered Sushi-riset och extra Sushi-risdressing.
b) Lägg persiklyftorna i en medelstor skål. Tillsätt Sushi-risdressingen, vitlök chilisås och mörk sesamolja. Ge persikorna ett gott släng i marinaden, innan du täcker. Låt persikorna stelna i rumstemperatur i marinaden i minst 30 minuter och upp till 1 timme.
c) Samla ihop 4 små serveringsskålar. Blöt fingertopparna innan du lägger ½ kopp (100 g) av det förberedda sushiriset i varje skål. Platta försiktigt ut risets yta. Dela påläggen jämnt i ett attraktivt mönster över toppen av varje skål, tillåt 3 persikoskivor per portion. (Du kan rinna av det mesta av vätskan från persikorna innan du toppar skålarna, men klappa dem inte torra.)
d) Servera med en gaffel och sojasås för doppning, om så önskas.

76.Grillad Sushiskål med korta revben

INGREDIENSER:

- 2 koppar (400 g) traditionellt sushiris, snabbt och enkelt mikrovågssushiris eller brunt sushiris
- 1 lb (500 g) benfria revbensspjäll
- 2 msk råsocker eller ljust farinsocker
- 1 msk risvinäger
- 2 msk matolja
- 2 tsk sojasås
- ½ tesked finhackad vitlök
- 2 msk hackad kristalliserad ingefära
- ½ avokado, skalad, kärnad och skuren i tunna skivor
- ¼ engelsk gurka (japansk gurka), kärnade ur och skär i tändstickor
- ¼ kopp (60 g) torkad mango, skuren i tunna strimlor

INSTRUKTIONER:

a) Förbered Sushi-riset.
b) Gnid in de korta revbenen med sockret. Blanda ihop risvinäger, matolja, soja och hackad vitlök i en medelstor skål. Lägg revbenen i skålen och vänd dem flera gånger för att täcka. Täck dem och låt dem marinera i 30 minuter.
c) Värm din broiler till 500°F (260°C). Lägg de korta revbenen på en broilerpanna eller plåtbricka. Stek i ca 5 minuter per sida. Ta bort de korta revbenen från brickan och låt dem svalna. Skär de korta revbenen i ½-tums (1,25 cm) bitar. (Om de korta revbenen har ben, vill du ta bort köttet från benen.)
d) Samla ihop 4 små serveringsskålar. Blöt fingertopparna innan du lägger ½ kopp (100 g) av sushiriset i varje skål. Platta försiktigt ut risets yta. Strö ½ matsked av den hackade kristalliserade ingefäran över riset. Dela de korta revbenen mellan de 4 skålarna.
e) Ordna ¼ av avokadoskivorna, gurkständstickorna och mangoremsorna i ett snyggt mönster över risskålen.
f) Servera med sötad sojasirap, om så önskas.

77.Teriyaki Fläsk Sushi Skål

INGREDIENSER:
- 1 lb fläskfilé, tunt skivad
- 1/4 kopp sojasås
- 2 msk mirin
- 1 msk honung
- 1 msk sesamolja
- 1 tsk riven vitlök
- 1 gurka, tunt skivad
- 1 kopp ananasbitar
- 2 dl kokt sushiris
- Salladslök till garnering

INSTRUKTIONER:
a) Blanda sojasås, mirin, honung, sesamolja och riven vitlök för att skapa marinaden.
b) Marinera tunt skivat fläsk i blandningen i minst 30 minuter.
c) Koka det marinerade fläsket i en het stekpanna tills det fått färg och genomstekt.
d) Sätt ihop skålar med sushiris som bas.
e) Toppa med teriyakifläsk, skivad gurka, ananasbitar och garnera med salladslök.

78.Kryddig Sriracha Fläsk Sushi Skål

INGREDIENSER:

- 1 lb fläskaxel, tunt skivad
- 1/4 kopp sojasås
- 2 msk srirachasås
- 1 msk honung
- 1 msk limejuice
- 1 dl rödkål, strimlad
- 1 mango, tärnad
- 2 koppar kokt traditionellt sushiris
- Hackad koriander till garnering

INSTRUKTIONER:

a) Kombinera sojasås, srirachasås, honung och limejuice för att skapa marinaden.
b) Marinera tunt skivat fläsk i blandningen i minst 30 minuter.
c) Koka det marinerade fläsket i en het stekpanna tills det fått färg och genomstekt.
d) Skapa skålar med traditionellt sushiris som bas.
e) Toppa med kryddigt sriracha-fläsk, strimlad rödkål, tärnad mango och garnera med hackad koriander.

79. Ananas ingefära Fläsk Sushi Skål

INGREDIENSER:
- 1 pund fläskkarré, tunt skivad
- 1/4 kopp sojasås
- 2 msk ananasjuice
- 1 msk riven ingefära
- 1 msk farinsocker
- 1 kopp edamame, ångad
- 1 röd paprika, tunt skivad
- 2 koppar kokt traditionellt sushiris
- Sesamfrön till garnering

INSTRUKTIONER:
a) Vispa ihop sojasås, ananasjuice, riven ingefära och farinsocker för att skapa marinaden.
b) Marinera tunt skivat fläsk i blandningen i minst 30 minuter.
c) Koka det marinerade fläsket i en het stekpanna tills det fått färg och genomstekt.
d) Sätt ihop skålar med traditionellt sushiris som bas.
e) Toppa med ananas ingefära fläsk, ångad edamame, skivad röd paprika och strö över sesamfrön.

80.Koreansk BBQ Fläsk Sushi Skål

INGREDIENSER:
- 1 pund fläskrumpa, tunt skivad
- 1/4 kopp sojasås
- 2 matskedar gochujang (koreansk röd paprikapasta)
- 1 msk sesamolja
- 1 msk farinsocker
- 1 kopp kimchi
- 1 gurka, skivad
- 2 dl kokt sushiris
- Sesamfrön till garnering

INSTRUKTIONER:
a) Vispa ihop sojasås, gochujang, sesamolja och farinsocker för att skapa marinaden.
b) Marinera tunt skivad fläskrumpa i blandningen i minst 30 minuter.
c) Koka det marinerade fläsket i en het stekpanna tills det fått färg och genomstekt.
d) Sätt ihop skålar med sushiris som bas.
e) Toppa med koreanskt BBQ-fläsk, kimchi, skivad gurka och strö över sesamfrön.

81.Thai Basil Fläsk Sushi Skål

INGREDIENSER:
- 1 lb malet fläsk
- 1/4 kopp sojasås
- 2 msk ostronsås
- 1 msk fisksås
- 1 msk farinsocker
- 1 dl färska basilikablad
- 1 paprika, tunt skivad
- 2 koppar kokt traditionellt sushiris
- Krossade rödpepparflingor till garnering

INSTRUKTIONER:
a) Blanda sojasås, ostronsås, fisksås och farinsocker i en skål för att skapa marinaden.
b) Koka malet fläsk i en stekpanna tills det får färg, tillsätt sedan marinaden och koka tills såsen tjocknar.
c) Sätt ihop skålar med traditionellt sushiris som bas.
d) Toppa med thailändsk basilika, skivad paprika och garnera med krossade rödpepparflingor.

82.BBQ Drog Fläsk Sushi Skål

INGREDIENSER:
- 1 lb Drog fläsk
- 1/4 kopp BBQ-sås
- 2 msk äppelcidervinäger
- 1 msk honung
- 1 kopp coleslaw mix
- 1/2 rödlök, tunt skivad
- 2 koppar kokt traditionellt sushiris
- Hackad salladslök till garnering

INSTRUKTIONER:
a) Blanda Drog fläsk med BBQ-sås, äppelcidervinäger och honung i en skål.
b) Sätt ihop skålar med traditionellt sushiris som bas.
c) Toppa med BBQ Drog fläsk, coleslawmix och skivad rödlök.
d) Garnera med hackad salladslök och njut av denna BBQ-inspirerade sushiskål!

83. Äppelciderglaserad fläsksushiskål

INGREDIENSER:
- 1 lb fläskfilé, tunt skivad
- 1/4 kopp äppelcider
- 2 msk sojasås
- 1 msk dijonsenap
- 1 msk lönnsirap
- 1 äpple, tunt skivat
- 1 dl rödkål, strimlad
- 2 koppar kokt traditionellt sushiris
- Hackad persilja till garnering

INSTRUKTIONER:
a) Vispa ihop äppelcider, sojasås, dijonsenap och lönnsirap för att skapa glasyren.
b) Marinera tunt skivad fläskfilé i glasyren i minst 30 minuter.
c) Koka det marinerade fläsket i en het stekpanna tills det fått färg och genomstekt.
d) Sätt ihop skålar med traditionellt sushiris som bas.
e) Toppa med äppelciderglaserat fläsk, skivat äpple, strimlad rödkål och garnera med hackad persilja.

84.Honungssenap Fläsk Sushi Skål

INGREDIENSER:
- 1 pund fläskkarré, tunt skivad
- 1/4 kopp dijonsenap
- 2 matskedar honung
- 1 msk sojasås
- 1 msk olivolja
- 1 dl snapsärtor, skivade
- 1 paprika, tärnad
- 2 koppar kokt traditionellt sushiris
- Krossade jordnötter till garnering

INSTRUKTIONER:
a) Blanda dijonsenap, honung, sojasås och olivolja i en skål för att skapa marinaden.
b) Marinera tunt skivad sidfläsk i blandningen i minst 30 minuter.
c) Koka det marinerade fläsket i en het stekpanna tills det fått färg och genomstekt.
d) Skapa skålar med traditionellt sushiris som bas.
e) Toppa med honungssenapsfläsk, skivade ärter, tärnad paprika och garnera med krossade jordnötter.

85.Kryddad Fläsk Rulla Sushi Skål

INGREDIENSER:
- 1 kopp sushi ris, kokt
- 1 dl kryddig fläskkorv, smulad och tillagad
- 1/2 kopp kimchi, hackad
- 1/4 kopp gurka, tärnad
- 1/4 kopp avokado, skivad
- Sriracha mayo för duggregn
- Nori-remsor till garnering

INSTRUKTIONER:
a) Fördela det kokta sushiriset i en skål.
b) Lägg smulad och kokt kryddig fläskkorv ovanpå.
c) Tillsätt hackad kimchi, tärnad gurka och skivad avokado.
d) Ringla Sriracha mayo över skålen.
e) Garnera med nori-remsor.
f) Servera och njut av de kryddiga fläskrullarnas smaker!

86.Fläsk Belly Bibimbap Sushi Skål

INGREDIENSER:
- 1 kopp sushi ris, kokt
- 1 dl fläskskivor, grillade eller rostade
- 1/2 kopp spenat, sauterad
- 1/4 kopp morötter, inlagda och inlagda
- 1/4 kopp böngroddar, blancherade
- Gochujang sås för duggregn
- Sesamfrön till garnering

INSTRUKTIONER:
a) Fördela det kokta sushiriset i en skål.
b) Lägg grillade eller rostade fläskbukskivor ovanpå.
c) Tillsätt sauterad spenat, syltade morötter och blancherade böngroddar.
d) Ringla Gochujang-sås över skålen.
e) Strö över sesamfrön till garnering.
f) Servera och njut av den koreanskinspirerade sushiskålen bibimbap fläsk mage!

87. Sushiskål med skinka och ananas

INGREDIENSER:
- 1 kopp sushi ris, kokt
- 1 kopp skinka, tärnad
- 1/2 kopp ananasbitar
- 1/4 kopp röd paprika, tärnad
- 1/4 kopp salladslök, skivad
- Sötsur sås att ringla över
- Sesamfrön till garnering

INSTRUKTIONER:
a) Fördela det kokta sushiriset i en skål.
b) Lägg tärnad skinka ovanpå.
c) Tillsätt ananasbitar, tärnad röd paprika och skivad salladslök.
d) Ringla sötsur sås över skålen.
e) Strö över sesamfrön till garnering.
f) Servera och njut av den söta och salta skinka- och ananaskombinationen!

88.Bacon Avocado Sushi Skål

INGREDIENSER:
- 1 kopp sushi ris, kokt
- 1 dl kokt bacon, smulat
- 1 avokado, skivad
- 1/4 kopp körsbärstomater, halverade
- 1/4 kopp ruccola
- Ranchdressing för duggregn
- Gräslök till garnering

INSTRUKTIONER:
a) Fördela det kokta sushiriset i en skål.
b) Lägg smulad kokt bacon ovanpå.
c) Tillsätt skivad avokado, halverade körsbärstomater och ruccola.
d) Ringla ranchdressing över skålen.
e) Garnera med hackad gräslök.
f) Servera och njut av den läckra bacon- och avokadokombinationen!

89. Korv och ägg frukost Sushi skål

INGREDIENSER:
- 1 kopp sushi ris, kokt
- 1 dl frukostkorv, tillagad och smulad
- 2 ägg, röra
- 1/4 kopp cheddarost, strimlad
- 1/4 kopp paprika, tärnad
- Varm sås att dricka
- Färsk persilja till garnering

INSTRUKTIONER:
a) Fördela det kokta sushiriset i en skål.
b) Lägg smulad kokt frukostkorv ovanpå.
c) Tillsätt äggröra, strimlad cheddarost och tärnad paprika.
d) Ringla varm sås över skålen.
e) Garnera med färsk persilja.
f) Servera och njut av en välsmakande frukostinspirerad sushiskål!

FJÄDERFÄ SUSHI SKÅLAR

90.Teriyaki Kyckling Sushi Skål

INGREDIENSER:
- 1 lb kycklingbröst, tunt skivad
- 1/4 kopp sojasås
- 2 msk mirin
- 1 msk honung
- 1 msk sesamolja
- 1 tsk riven ingefära
- 1 kopp edamame, ångad
- 1 avokado, skivad
- 2 dl kokt sushiris
- Sesamfrön till garnering

INSTRUKTIONER:
a) Blanda sojasås, mirin, honung, sesamolja och riven ingefära för att skapa marinaden.
b) Marinera tunt skivat kycklingbröst i blandningen i minst 30 minuter.
c) Stek den marinerade kycklingen i en het stekpanna tills den fått färg och genomstekt.
d) Sätt ihop skålar med sushiris som bas.
e) Toppa med teriyaki-kyckling, ångad edamame, skivad avokado och strö över sesamfrön.

91.Mango Sås Kyckling Sushi Skål

INGREDIENSER:
- 1 lb kycklinglår, ben- och skinnfria
- 1/4 kopp limejuice
- 2 matskedar honung
- 1 tsk malen spiskummin
- 1 tsk chilipulver
- 1 mango, tärnad
- 1 rödlök, finhackad
- 2 koppar kokt traditionellt sushiris
- Färsk koriander till garnering

INSTRUKTIONER:
a) Blanda limejuice, honung, mald spiskummin och chilipulver för att skapa marinaden.
b) Marinera kycklinglår i blandningen i minst 30 minuter.
c) Grilla eller koka den marinerade kycklingen tills den är helt genomstekt.
d) Sätt ihop skålar med traditionellt sushiris som bas.
e) Toppa med mangosåskyckling, tärnad mango, hackad rödlök och garnera med färsk koriander.

92.Ljuv Chili Lime Kyckling Sushi Skål

INGREDIENSER:
- 1 lb kycklingmör, skivad i strimlor
- 1/4 kopp ljuv chilisås
- 2 msk sojasås
- 1 msk limejuice
- 1 msk honung
- 1 kopp strimlad lilakål
- 1 morot, finhackad
- 2 koppar kokt traditionellt sushiris
- Hackade jordnötter till garnering

INSTRUKTIONER:
a) Blanda ljuv chilisås, sojasås, limejuice och honung för att skapa marinaden.
b) Marinera kycklingmör i blandningen i minst 30 minuter.
c) Stek den marinerade kycklingen i en het stekpanna tills den fått färg och genomstekt.
d) Sätt ihop skålar med traditionellt sushiris som bas.
e) Toppa med ljuv chili lime kyckling, strimlad lila kål, julienned morot och garnera med hackade jordnötter.

93.Apelsin Ingefära Glaserad Turkiet Sushi Skål

INGREDIENSER:
- 1 pund malen kalkon
- 1/4 kopp sojasås
- 2 msk apelsinmarmelad
- 1 msk risvinäger
- 1 tsk riven ingefära
- 1 apelsin, segmenterad
- 1 kopp strimlade morötter
- 2 koppar kokt traditionellt sushiris
- Skivad salladslök till garnering

INSTRUKTIONER:
a) Blanda sojasås, apelsinmarmelad, risvinäger och riven ingefära i en skål för att skapa glasyren.
b) Koka mald kalkon tills den fått färg och tillsätt sedan glasyren, rör om tills den är täckt.
c) Skapa skålar med traditionellt sushiris som bas.
d) Toppa med apelsin ingefära glaserad kalkon, apelsinsegment, strimlade morötter och garnera med skivad salladslök.

94. Anka Sushi Skål

INGREDIENSER:
- 1 kopp sushi ris, kokt
- 1 dl rostad anka, strimlad
- 1/2 kopp gurka, skuren
- 1/4 kopp morötter, skurna tändstickor
- 1/4 kopp rädisor, tunt skivade
- 2 msk sojasås
- 1 msk risvinäger
- 1 msk mirin (söt risvin)
- 1 tsk sesamolja
- Sesamfrön till garnering
- Nori-remsor till servering

INSTRUKTIONER:
a) Blanda sojasås, risvinäger, mirin och sesamolja i en liten skål för att skapa dressingen.
b) Fördela det kokta sushiriset i en skål.
c) Lägg strimlad rostad anka ovanpå riset.
d) Tillsätt skuren gurka, tändsticksskurna morötter och tunt skivade rädisor.
e) Ringla dressingen över skålen.
f) Garnera med sesamfrön.
g) Servera med nori-remsor på sidan för inslagning eller doppning.
h) Njut av de unika och välsmakande smakerna från anka sushiskålen!

95. Cilantro Lime Kyckling och svarta bönor Sushi Skål

INGREDIENSER:

- 1 lb kycklingmör, skivad i strimlor
- 1/4 kopp koriander, hackad
- 2 msk limejuice
- 1 msk olivolja
- 1 burk svarta bönor, avrunna och sköljda
- 1 röd paprika, tärnad
- 2 koppar kokt traditionellt sushiris
- Avokadoskivor till garnering

INSTRUKTIONER:

a) Blanda hackad koriander, limejuice och olivolja i en skål för att skapa marinaden.
b) Marinera kycklingmör i blandningen i minst 30 minuter.
c) Stek den marinerade kycklingen i en het stekpanna tills den fått färg och genomstekt.
d) Sätt ihop skålar med traditionellt sushiris som bas.
e) Toppa med korianderlimekyckling, svarta bönor, tärnad röd paprika och garnera med avokadoskivor.

96.BBQ Turkiet Sushi Skål

INGREDIENSER:
- 1 kopp sushi ris, kokt
- 1 kopp BBQ kalkon, strimlad
- 1/2 kopp majskärnor
- 1/4 kopp rödkål, tunt skivad
- 1/4 kopp koriander, hackad
- BBQ-sås till duggregn
- Limeklyftor till servering

INSTRUKTIONER:
a) Fördela det kokta sushiriset i en skål.
b) Lägg strimlad BBQ-kalkon ovanpå.
c) Tillsätt majskärnor, skivad rödkål och hackad koriander.
d) Ringla BBQ-sås över skålen.
e) Servera med limeklyftor för extra smak.
f) Njut av den rökiga godheten hos BBQ-kalkon!

97. Sesam Ingefära Kyckling Sushi Skål

INGREDIENSER:

- 1 kopp sushi ris, kokt
- 1 kopp sesam ingefära kyckling, skivad
- 1/2 kopp snapsärtor, blancherade
- 1/4 kopp paprika, tunt skivad
- Strimlade morötter
- Sesamfrön till garnering
- Soja-ingefärsdressing för duggregn

INSTRUKTIONER:

a) Fördela det kokta sushiriset i en skål.
b) Lägg skivad sesam ingefärskyckling ovanpå.
c) Tillsätt blancherade snapsärtor, skivad paprika och strimlade morötter.
d) Strö över sesamfrön till garnering.
e) Ringla soja-ingfärsdressing över skålen.
f) Servera och njut av de härliga smakerna av sesam ingefära!

98.Lax Avokado Kyckling Sushi Skål

INGREDIENSER:
- 1 kopp sushi ris, kokt
- 1 dl grillad kyckling, strimlad
- 1/2 dl rökt lax, flingad
- 1 avokado, skivad
- 1/4 kopp gurka, tärnad
- Wasabi mayo för duggregn
- Sesamfrön till garnering

INSTRUKTIONER:
a) Fördela det kokta sushiriset i en skål.
b) Lägg strimlad grillad kyckling och flingad rökt lax ovanpå.
c) Tillsätt skivad avokado och tärnad gurka.
d) Ringla över wasabi mayo.
e) Garnera med sesamfrön.
f) Servera och njut av kombinationen av lax, kyckling och avokado!

99.Mango Lime Turkiet Sushi Skål

INGREDIENSER:
- 1 kopp sushi ris, kokt
- 1 kopp strimlad kalkon
- 1 mango, tärnad
- 1/4 kopp rödlök, finhackad
- Färsk koriander, hackad
- Limevinägrett till duggregn
- Krossade rödpepparflingor (valfritt)

INSTRUKTIONER:
a) Fördela det kokta sushiriset i en skål.
b) Lägg strimlad kalkon ovanpå.
c) Tillsätt tärnad mango, hackad rödlök och färsk koriander.
d) Ringla över limevinägrett.
e) Lägg till en touch av krossade rödpepparflingor för en kick (valfritt).
f) Servera och njut av de söta och syrliga smakerna!

100.Knaprig Tempura Kyckling Sushi Skål

INGREDIENSER:
- 1 kopp sushi ris, kokt
- 1 kopp tempurakyckling, skivad
- 1/2 kopp julienade morötter
- 1/4 kopp snöärtor, skivade
- Krispig stekt lök till topping
- Ålsås till duggregn
- Inlagd ingefära till garnering

INSTRUKTIONER:
a) Fördela det kokta sushiriset i en skål.
b) Lägg skivad tempurakyckling ovanpå.
c) Tillsätt skurna morötter och skivade snöärtor.
d) Toppa med knaperstekt lök.
e) Ringla över ålsås.
f) Garnera med inlagd ingefära.
g) Servera och njut av den tillfredsställande crunchen av tempurakyckling!

SLUTSATS

När vi avslutar vår härliga resa genom "Den Eleganta Sushiskålar Handboken", hoppas vi att du har upplevt glädjen av att förbättra din sushi-skålupplevelse med kreativitet och elegans. Varje skål på dessa sidor är en hyllning till smaker, balans och presentationens konst – ett bevis på de underbara möjligheter som sushiskålar erbjuder.

Oavsett om du har njutit av enkelheten hos klassiska sushiskålar, anammat uppfinningsrika kombinationer eller experimenterat med dina egna kreativa vändningar, litar vi på att dessa recept har väckt din entusiasm för att lyfta dina sushiskåläventyr. Utöver ingredienserna och teknikerna, må konceptet att skapa eleganta sushiskålar bli en källa till inspiration, konstnärliga uttryck och en hyllning till glädjen som kommer med att skapa personliga kulinariska upplevelser.

När du fortsätter att utforska världen av sushiskålar, må " Den Eleganta Sushiskålar Handboken " vara din pålitliga följeslagare, som guidar dig genom en mängd olika recept som förbättrar din njutning och visar upp skönheten i denna kulinariska konst. Här är det till att njuta av glädjen i sushiskålar, skapa visuellt fantastiska upplevelser och omfamna elegansen som kommer med varje skål. Smaklig måltid!

www.ingramcontent.com/pod-product-compliance
Lightning Source LLC
Chambersburg PA
CBHW071333110526
44591CB00010B/1133